PONS

D1828963

Schau nach - blick durch!
Schulgrammatik LATEIN

Alle wichtigen Regeln, die du wirklich brauchst!

von
Helmut Schareika

Ernst Klett Sprachen GmbH
Barcelona - Belgrad - Budapest - Ljubljana - London - Posen - Prag - Sofia - Stuttgart - Zagreb

PONS
Schau nach - blick durch!
Schulgrammatik LATEIN

Alle wichtigen Regeln, die du wirklich brauchst!

von Helmut Schareika

Auflage A1 5 4 3 2 1 / 2009 2008 2007 2006

Internet: www.pons.de
E-Mail: info@pons.de

Redaktion: Maria Anna Söllner, Antje Wollenweber
Logoentwurf: Erwin Poell, Heidelberg
Logoüberarbeitung: Sabine Redlin, Ludwigsburg
Einbandgestaltung: deutschewerbeagentur
Titelfoto: Vlado Golub, Stuttgart
Layout/Satz: andrea grundmann kommunikationsgestaltung, Karlsruhe
Druck: Legoprint
Printed in Italy
ISBN10: 3-12-560783-3
ISBN13: 978-3-12-560783-5

Schau nach – blick durch!

Die **PONS Schulgrammatik Latein** bietet dir alle Grammatikthemen, die du für die Schule wirklich brauchst und kann dich in deiner gesamten Schullaufbahn begleiten.

Die Grammatik bietet dir als Sprachanfänger wie auch als fortgeschrittener Lerner die Möglichkeit, alle wichtigen Grammatikaspekte, die du in der Schule behandelst, nachzuschlagen und selbständig zu erarbeiten. Zahlreiche Beispiele veranschaulichen die Grammatikregeln sinnvoll. Leicht verständliche Erklärungen und nützliche Tipps helfen dir, typische Fehler zu vermeiden.

Viel Spaß und Erfolg beim Lateinlernen!

So benutzt du dieses Buch

In einem gewissen Sinne versteht man nur, was man schon weiß, oder: „... man kann Sprache nur verstehen, wenn man mehr als Sprache versteht“ (Hans Hörmann). Diese Tatsache – die für Sprechen und Verstehen allgemein gilt – berücksichtigt im normalen Leben jeder (gelungene) Text, indem er von Bekanntem, also sozusagen Inseln des Verstehens, zu Neuem führt, d. h., um im Bild zu bleiben, zu neuen Ufern. Ganz ähnlich ist es nun auch mit dem Sprachenlernen.

Latein ist eine ganz normale, aber doch fremde Sprache. **Diese Grammatik knüpft** daher immer **an dem an, was du als sprachliches Wissen schon besitzt**, und führt dich so zu den teils ganz gewöhnlichen, teils ungewohnten oder vielleicht gar absonderlich wirkenden Erscheinungen des Lateinischen.

Die **PONS Schulgrammatik Latein** geht dabei davon aus, dass du **Texte verstehen** willst. Deswegen wird hier gewissermaßen die **Grammatik aus der Sicht dessen** beschrieben, **der einen Text vor sich hat.**

Dabei wird konsequent auf das verzichtet, was man nur wissen muss, wenn man Latein produzieren soll. Vor allem werden auch **alle unnötigen Grammatikbegriffe fortgelassen**, die ohnehin oft problematisch sind. Dafür kommen einzelne Dinge hinzu, die zur Beschreibung aus der Perspektive des Textes nötig sind.

Im ersten Hauptteil dieser Grammatik geht es schwerpunktmäßig um die **Formen, die äußere Gestalt** des Lateinischen, im zweiten um seine **lebendige Existenz in Texten.** Stets werden zwischen beiden Bereichen Verbindungen hergestellt. Zur Veranschaulichung dienen **zahlreiche Beispiele, die überwiegend originales oder originalnahes Latein darstellen.** Sie sind außerdem so ausgewählt, dass ein gewisses Bild vom Sprechen und Denken der alten Römer „herüberkommt“.

So benutzt du dieses Buch

Besonderer Wert wurde auf **einfache und übersichtliche Darstellung** sowie **prägnante Veranschaulichung** gelegt. Folgende Symbole sollen außerdem helfen, die Auskünfte, die du erhältst, noch klarer einzuordnen:

Das Ausrufezeichen weist dich auf Dinge hin, die du stärker verinnerlichen sollst. In der Regel handelt es sich hier um bestimmte **Eigentümlichkeiten**, deren Kenntnis dir allgemein nützlich sein wird.

Die gegeneinander weisenden Pfeile lenken den Blick auf besonders auffällige sprachliche Unterschiede zwischen dem Lateinischen und dem Deutschen.

Dieses Zeichen beleuchtet insbesondere **Tipps**, die das Textverstehen, das Lernen oder sonstige knifflige Dinge erleichtern können.

▶ Das Dreieck verweist auf weitere Auskünfte zum jeweiligen Thema.

{...} Diese Klammern markieren zum leichteren Verständnis gelegentlich zusammengehörige Wortgruppen.

Lēctor intende, laetāberis!
Leser, pass auf, es wird dir Spaß machen!
(Motto eines römischen Romanautors)

Inhaltsverzeichnis

Inhalt

1 Eine außergewöhnliche Geschichte – die lateinische Sprache

Für den, der mehr wissen möchte

Latein wird nicht mehr von Muttersprachlern gesprochen, doch es lebt in Texten, die vor allem aus der Antike oder dem Mittelalter erhalten geblieben sind. Daher ist in dieser Grammatik von den Merkmalen und Regeln dieser Sprache in schriftlich fixierten *Texten* und nicht in „natürlichen" Gesprächssituationen die Rede. Solche natürlichen Gesprächssituationen finden sich aber selbstverständlich auch innerhalb literarischer Texte etwa bei Dialogen oder Monologen oder z. B. in erhaltenen Briefen.

Das Lateinische hat eine außergewöhnliche Geschichte, sowohl räumlich (es wurde in allen Regionen rund um das Mittelmeer und in manchen Teilen Europas gesprochen, im Mittelalter war es Sprache des Klerus und der Gebildeten in ganz Europa) als auch zeitlich (von der Gründung Roms vor etwa 2700 Jahren bis in die frühe Neuzeit und darüber hinaus). Klar, dass diese Sprache dabei zahlreiche Veränderungen und Entwicklungen erlebt hat – das Resultat davon sind die heutigen romanischen Sprachen. Hier wollen wir uns innerhalb des Lateinischen auf das „alte Rom" und dort auf den Zeitraum zwischen Cicero (1.Jh. v.Chr.) und Tacitus (um 100 n.Chr.) beschränken, allein das sind schon gut zweihundert Jahre.

Ab dem 2. Jahrhundert v. Chr. – der Zeit, in der Rom sich endgültig ganz Italien unterworfen hatte und zum „Haupt der Welt", **caput mundī**, wurde – erfuhr das Lateinische durch seine Schriftsteller und Dichter eine Normierung und weitgehende Reglementierung, die in dieser Form kaum bei anderen Sprachen zu finden sind. Die Schriftsprache trennte sich bei den meisten Autoren mehr und mehr von der lebendigen gesprochenen Sprache, die schon damals auf dem Weg zu den heutigen romanischen Sprachen war. Die literarische Sprache hingegen wurde immer mehr zu einer Art Kunstprodukt; als deren Meister und Vorbild galt schon damals und gilt weiterhin Cicero. An seiner Seite steht eine große Zahl von Sprachkünstlern der Weltliteratur, die alle Register ihres Mediums nutzten. Der Begriff für dieses „gereinigte" Latein ist **sermō pūrus**, *reine Redeweise*.

Die Standardisierung betraf sowohl die Wortformen als auch den Wortschatz; der schlichtere Satzbau des älteren Lateins wurde komplexer und komplizierter. Davon unberührt blieb die sich frei weiterentwickelnde Volkssprache, **sermō vulgāris**.

Für den, der Latein lernt, ist der Gewinn aus der Existenz dieses **sermō pūrus** trotzdem enorm: Mit einer Grundlage an Kenntnissen dieser Sprache hat man Zugang zu Äußerungen von

Menschen aus vielen Jahrhunderten – bald einem Jahrtausend – und Kulturbereichen und kann zu ihnen in Kontakt treten. Nimmt man das Mittelalter hinzu, auch wenn hier in vielen lateinischen Texten die Muttersprache der Autoren durchscheint und die Wörter zwangsläufig eine neue Welt wiedergeben müssen, kommt man auf mehr als anderthalb Jahrtausende.

Dies ist das eigentlich Außergewöhnliche an der lateinischen Sprache, und dieses Buch möchte so viel, wie im vorgegebenen Rahmen möglich ist, davon vermitteln.

Die Schrift

Es ist bekannt, dass – wie vieles andere – auch die Schriftzeichen in der Form, wie wir sie gebrauchen, auf die Römer (und über sie wiederum auf die Griechen und Etrusker) zurückgehen. Das römische Alphabet bestand ab der Zeit des Augustus aus folgenden Zeichen:

A	B	C	D	E	F	G	H	I	K	L	M
N	O	P	Q	R	S	T	V	X	Y	Z	

Y und **Z** kamen nur in griechischen Namen und Fremdwörtern vor, das **K** findet sich nicht einmal in einer Handvoll Wörter. **V** bezeichnete den Vokal **u** und das halbkonsonantische **w**, das Zeichen **I** wurde für den Vokal **i** und das konsonantische **j** benutzt; die Zeichen **J** und **W** wurden erst im Mittelalter hinzugefügt und auch in lateinischen Texten verwendet (**w** nur für nichtlateinische Wörter).

In modern gedruckten lateinischen Texten wird zumeist zwischen **v** und **u** unterschieden, also **venīre**, aber **urbs**. Gelegentlich wird für kleines **v** kleines **u** verwendet, also **uenīre**, für großes **U** ein großes **V** (**VRBS**). Das **i** hingegen steht auch meist hier für **i** und **j**.

Aus den Großbuchstaben, die überall auf Inschriften begegnen, entwickelten sich in der Handschrift – z. B. auf Wachstäfelchen oder Pergament – flüssige, individuell geschriebene Zeichen, die etwa von Graffiti an Häuserwänden oder aus anderen handschriftlichen Zeugnissen wie Briefen bekannt sind. Noch in der Antike entstanden in der Handschrift auch kursiv geschriebene Kleinbuchstaben.

Die Aussprache

Wir wissen gut, wie im Lateinischen einst die einzelnen Buchstaben ausgesprochen wurden. Woher? Vor allem aus Wörtern und Namen, welche in griechischen Texten in griechischer Schrift auftauchen. Eine zweite Quelle sind – tatsächlich! – Schreibfehler in lateinischen Graffiti oder handschriftlich erhaltenen Texten (etwa in Briefen von Soldaten aus dem ägyptischen Wüstensand). Wer falsch schreibt, hält sich gewöhnlich an die Lautung, die er im Ohr hat. Manche Einzelheiten haben auch römische Sprachwissenschaftler beschrieben.

Wir wissen aber verständlicherweise nichts davon, wie das Lateinische als lebendige Sprache geklungen hat, nichts über Satzmelodie, Tonfall, Betonungsweisen usw., also über Dinge, die auch für manche Bereiche der Grammatik bedeutsam sind, etwa für die Frage der sog. normalen Wortstellung. Allgemein gesagt, galt ganz gewiss die Sprechweise der buchstäblich „tonangebenden" herrschenden Schicht der Hauptstadt Rom als Vorbild.

Obwohl es ja nicht darum geht, Latein sprechen zu lernen, möchte vielleicht mancher einmal Texte – insbesondere Gedichte, die ja mit vom Klang leben – zum Klingen bringen. Die folgende Tabelle gibt daher Anhaltspunkte dafür, wie Latein in der Aussprache der einzelnen Laute geklungen hat.

Die einzelnen Laute

Die Namen der einzelnen Buchstaben lauteten wie die unseren, also **a, be, ce, de** usw. (**abecedārius**: das *I-Männchen*); sie wurden übrigens von den Etruskern geprägt, die damit die griechischen Namen *alpha, beta* usw. ablösten.

BUCHSTABE	LAUT	BEMERKUNG
a	**a, ā**	wie deutsch
b	**b**	wie deutsch
c	immer **k** (wie ital. ohne Hauch)	**canis** ≈ *kanis*, **cinis** ≈ *kinis*, **Cicerō** ≈ *Kikerô*
d	**d**	wie deutsch
e	**e, ē**	kurz oder lang, offen („*betten*") oder geschlossen („*beten*")
f	**f**	wie deutsch
g	**g**	wie deutsch
h	**h**	wie deutsch (auch stumm)
i	**i, ī, j;** manchmal **ji**	als Vokal kurz oder lang, vor Vokal j: **iacere** ≈ *jakere* **ab-icere** ≈ *ab-jikere*
k	**k** (wie ital. ohne Hauch)	**Kalendae**

l	**l**	wie deutsch
m	**m**	wie deutsch; am Wortende stumm, dafür Nasalierung des Vokals davor wie etwa frz. *main* („Hand"), z. B. **hominem** ≈ *hominẽ*
n	**n**	wie deutsch
o	**o, ō**	kurz oder lang, offen (*„offen"*) oder geschlossen (*„Ofen"*)
p	**p** (wie ital. ohne Hauch)	**petere**
q	nur in der Verbindung **qu**	**quālitās**: kw (wie engl. w)
r	**r**	wahrscheinlich wie italienisches rollendes **r**
s	**s** (**immer** stimmlos wie ß)	**rosa** ≈ *roßa*
t	**t** (wie ital. ohne Hauch)	nie wie *ts*, daher z. B. **nāti-ō**
u/v	zwischen und vor Konsonanten: **u** vor Vokalen: wie engl. **w** u nach s vor a und e ebenfalls wie engl. **w**	**mūnus** **villa** ≈ *wīlla* **suāvis**
x	**ks**	**exportāre, nox**
y	wie deutsch **ü**	**hypogaeum**
z	**ds** oder stimmhaftes **s** (wie Ro**s**e)	**zephyrus**

DIPHTHONGE

ae	wie deutsch **ai**	**Caesar** ≈ *kaißar*
oe	wie deutsch **oi**	**poena** ≈ *poina*
au	wie deutsch **au**	**auferre**
eu	getrennt e-u (also *nicht* wie „oi")	**neuter, Eurōpa**

VOKALKOMBINATIONEN

ei	ei wie engl. *say*; bei langem **ī** zwei Silben: **e-ī**	sehr selten: **ei mihī!** *(weh mir!)*; **eīs** ≈ *e-īs (ihnen)*
ei + u	**ĕjju**	**ēius** ≈ *ĕjjus*
ui	**uī** (langes i) in zwei Silben: **uī** in einer Silbe wie *pfui*	**portuī** ≈ *portuī* **cuīdam**
ui + u	**ŭjju**	**cūius** ≈ *kŭjjus*

Grammatik

KONSONANTENKOMBINATIONEN		
ch	wie behauchtes (deutsches) **k**, **nicht** deutsch *ch*	**charta** ≈ *k^harta,* **pulcher** ≈ *pulk^her*
ph	wie behauchtes (deutsches) **p**, also *nicht* f	**physica** ≈ *p^hysica*
th	wie behauchtes (deutsches) **t**	**theātrum**
gn	gesprochen wie **ngn**	**māgnus** ≈ *mangnus*
st	**s-t** mit stimmlosem s	**stāre**
sp	**s-p** mit stimmlosem s	**spērāre**

Die Betonung

Um lateinische Wörter richtig zu betonen, musst du wissen, ob eine Silbe als lang oder kurz gilt. Als lang gelten

- Silben mit lang gesprochenem Vokal,
- Silben mit Diphthong,
- Silben auch mit kurzem Vokal, wenn diesem zwei Konsonanten (auch Doppelkonsonant) einschließlich x oder z folgen.

Als kurz gilt eine Silbe aber auch dann, wenn sie mit einer Kombination aus p, b, t, d, c oder g + l oder r abschließt, z. B. **tenĕbrae.**

Damit du stets an die Bedeutung der Vokallänge für die Betonung erinnert wirst und die nötige Hilfe zum richtigen Sprechen hast, findest du in diesem Buch alle lateinischen Wörter mit dem entsprechenden Hilfszeichen ¯ (dem sog. Makron) über lang zu sprechenden Vokalen versehen. Bisweilen weist ein Bogen ˘ (Breve) über einem Vokal auf die Kürze hin.

Übrigens: Kurze Vokale *vor* der Konsonantenkombination **-nf-** oder **-ns-** werden grundsätzlich zu lang gesprochenen Vokalen, also z. B. **cōnfūsiō, īnstitūtiō** oder **dēns** (*„Zahn“*, sprachverwandt), Genitiv **dĕntis.**

Die Betonungsregeln

Lateinische Wörter werden (seit der durch schriftliche Quellen fassbaren Zeit) nur auf der vorletzten oder drittletzten Silbe betont. Der Ton liegt auf der vorletzten Silbe, wenn diese lang ist, sonst immer auf der drittletzten. Das heißt auch, dass die Betonung anders als etwa im Deutschen bei den einzelnen Wörtern „wandern" kann (betonte Silben sind durch fett gedruckten Vokal hervorgehoben):

amor – amōrem *(Liebe)*
fortūna – fortūnārum *(Schicksal; Vermögen)*
imbēcillus *(schwach)*
socius – sociōrum *(Gefährte, Verbündeter)*
tenebrae – tenebrārum *(Finsternis)*
repetere – repetō – repetāmus *(wiederholen)*

Endbetont sind nur ein paar Wörter wie **illūc** (aus: **illūce** *dorthin*). Außerdem springt der Ton immer auf die letzte Silbe eines Wortes, wenn ein **-que** (*und*) bzw. ein **-ve** (*oder*) angehängt wird, z. B. **amīcī amīcaeque** (*Freunde und Freundinnen*), **omniaque** (*und alles*), **ūnus plūrēsve** (*einer oder mehrere*).

Die Laute und ihre Abwandlungen

Als normale lebendige Sprache hat das Lateinische natürlich – nicht nur vor der Standardisierung – auch viele Veränderungen in der Lautung von Konsonanten und Vokalen erfahren. Kenntnisse in diesem Bereich können hilfreich sein, um manche lateinische Wortformen besser zu verstehen, doch wird hier nur am Rande darauf eingegangen – das ist mehr Spezialistenwissen. Wo es sinnvoll erscheint, werden entsprechende Hinweise bei den entsprechenden Beschreibungen der Wortformen gegeben. Ein paar durchgehend wichtige Dinge seien hier erwähnt:

- Ein s wird zwischen Vokalen zu r, so **flōs** *Blume*, Genitiv **flōris** (vgl. im Deutschen *Frost* und *frieren*).
- Ein t oder d vor einem s fällt regelmäßig aus, etwa **pes** (*Fuß*), Genitiv **pĕdis**.
- Ein t nach einem d oder t wird im Lateinischen regelmäßig zu s, das t/d davor fällt aus (**dēfendere – dēfēnsum**< **defend-tum**).

Beachte außerdem folgende Schreib- und Ausspracheregeln:

c+s > x	**g+s > x**	**gu+s > x**	**h+s > x**
g+t > ct	**h+t > ct**		
b+s > ps	**b+t > pt**	**m+s > mps**	**m+t > mpt**

Satzzeichen, Silbentrennung, Großschreibung

Über Satzzeichen verfügten schon die Römer, wandten sie aber nicht systematisch an. In modernen gedruckten Texten wird im Wesentlichen die deutsche Zeichensetzung verwendet; auffälligster Unterschied: Wortgruppen mit Infinitiv werden *nicht* durch Komma abgetrennt.

Die Silbentrennung hat mehr mit der traditionellen als mit der reformierten deutschen Silbentrennung gemeinsam; getrennt wird

- nach Vokal, wenn nur *ein* Konsonant folgt: **amī-cus**;
- nach dem ersten Konsonanten, wenn einem Vokal zwei oder drei Konsonanten folgen: **cap-ta, som-nus, sūm-ptī**;
- Ausnahme: ist der auf c, t, p bzw. g, d, b folgende Konsonant ein l oder r, bleiben diese zusammen: **te-ne-brae, Ca-prī**, **mōns-trum** oder **mōn-strum**;
- zusammengesetzte Wörter werden nach ihren einzelnen Bestandteilen getrennt: **prōd-esse, īn-strū-men-tum.**

Großgeschrieben werden nur Namen und Satzanfänge sowie bestimmte Abkürzungen, etwa **SPQR** für **senātus populusque Rōmānus** (*Senat und Volk von Rom*). Satzanfänge können jedoch auch kleingeschrieben werden. Adjektive von Eigennamen werden in Deutschland großgeschrieben, also z. B. **Rōmānus, -a, -um** (*römisch*, auch: *Römer/in*).

2 Das Bild der Welt: die Nomina

Die Welt ist so vielfältig wie unendlich. Logisch also, dass die Nomina, unter ihnen in erster Linie die Substantive, dementsprechend die größte Gruppe im Wortschatz bilden – *Sonne, Apfel, Wetter, Ozean, Existentialismus* usw. Und wie menschliche Erfahrungen und Kenntnisse sich ändern oder erweitern, folgt ihnen der Wortschatz bei der Erfassung der außersprachlichen Welt.

Dieser Punkt ist wichtig: Die lateinische Welt ist in vielem nicht mit unserer identisch. Scheinbar gleiche Dinge hatten einen anderen Inhalt, ob *Haus*, *Fahrzeug* oder *Lampe*, ob *Soldat*, *Frieden*, *Gott* oder *Freiheit* usw. Beachtet man das nicht, können sich Verständnisprobleme und -fehler ergeben!

Auch Wörter, die von Haus aus keine Substantive sind, können im Lateinischen wie im Deutschen (z. B. *das Hier und Jetzt, das Warum*) als Substantive auftreten. Man spricht in diesen Fällen von Substantivierung; lateinische Beispiele: **suprēmum valē** (*das letzte Lebewohl*; **valē** ist Imperativ) oder – häufiger bei Adjektiven – **per aspera ad astra** *(auf rauen [Wegen] zu den Sternen)*.

Wortformen und was dahinter steckt

Ganz ähnlich wie das Deutsche tragen lateinische Nomina in den Wortendungen Informationen über die Anzahl des Gemeinten (Numerus: Singular oder Plural), den Kasus (Fall: Nominativ usw.), häufig auch über das Genus (Maskulinum, Femininum, Neutrum).

Die Fülle von Signalen vermittelt leicht den Eindruck, man müsse diese Endungen beherrschen und man beherrsche die Sprache. Das ist nicht falsch, aber leider auch nur begrenzt richtig: Die wenigsten dieser Endungen sind eindeutig.

Eins, zwei, viele ... – der Numerus

Wie im Deutschen gibt es im Lateinischen zwei Numeri: Singular und Plural. Das reicht zur Kommunikation aus. Bei ein paar sog. Pronominaladjektiven (▶ S. 164) bezeichnet der Singular auch eine „Zweizahl" (Dual, z. B. **utraque amīca** *beide Freundinnen)*.

Wie im Deutschen heißt Singular nicht, dass das Gemeinte nur aus *einem* Element besteht; das Singularwort kann eine Gruppe von Gleichem oder von als gleichartig Betrachtetem meinen. Ebenso muss der Plural keine Vielheit bezeichnen.

Ebenfalls wie im Deutschen gibt es Wörter, die jeweils nur im Singular (z. B. dt. „Unrat") oder im Plural (dt. „Leute") existieren oder im Singular oder Plural unterschiedliche Bedeutungen aufweisen, z. B.

plēbs (Sg.)	*(Volks-)Masse*		
castra (Pl.)	*(Heer-)Lager*		
littera (Sg.)	*Buchstabe*	**litterae** (Pl.)	*Brief*

Das Genus

Im Genus (das bedeutet *grammatikalisches* Geschlecht) kommt zwar die Beobachtung zum Ausdruck, dass Lebewesen über einen **sexus** *(biologisches Geschlecht)* verfügen (männlich, weiblich, ohne bzw. nicht relevant oder nicht erkennbar), aber das Genus dient nur selten auch zur Bezeichnung des biologischen Geschlechts; hauptsächlich ist es eine rein grammatikalische Vorschrift.

Manchmal dient das Genus bei Lebewesen zur Angabe des biologischen Geschlechts.

So heißt etwa **equus** (mask.) allgemein *Pferd*, aber in Opposition zu **equa** (fem.) *Stute* bedeutet **equus** *Hengst*; man unterscheidet **amīca – amīcus** *Freundin – Freund*, **deus – dea** *Gott – Göttin*.

Bei vielen Wörtern lassen sich mit den Endungen **-us** und **-a** maskuline und feminine Wortpaare bilden, bei anderen dienen **-tor** und **-trīx** der Kennzeichnung des biologischen Geschlechts (z. B. **āctor/āctrīx** *Darsteller/-in*).

Immerhin ist eine große Zahl von Wortbildeelementen im Genus festgelegt, z. B. **-tās** (fem.), **-tor** (s. o., mask.). Weitere Regeln: Völker sind immer, Flussnamen meist maskulin, Namen von Bäumen und Ländernamen feminin.

Das Genus dient also hauptsächlich dazu, schon dem Sinn nach zusammengehörige Substantive und Adjektive auch äußerlich miteinander zu verbinden, um so das Verstehen zu erleichtern. Entscheidend bleibt es, beim Lesen auf die *bedeutungsmäßige* Zusammengehörigkeit von Wörtern zu achten.

Die Kasus

Der Singular dieses Begriffs lautet Kasus (Fall) mit kurzem und der Plural Kasus mit lang gesprochenem u, wie beim lateinischen Wort **cāsus** bzw. **cāsūs**.

Das Lateinische verfügt wie das Deutsche über die Kasus (Fälle) Nominativ, Genitiv, Dativ, Akkusativ und zusätzlich über einen im Deutschen als Form nicht vorhandenen fünften Kasus, den Ablativ:

Nominativ	Genitiv	Dativ	Akkusativ	**Ablativ**

Zur Rolle und Bedeutung der einzelnen Kasus ▶ S. 103 ff.

Der Vokativ ist die „Anredeform". Nur in der o-Deklination (▶ S. 20 ff.) gibt es dafür im Singular eine eigene Form, ansonsten wird der Nominativ als Anredeform gebraucht.

Was ein Kasus nun eigentlich ist, lässt sich gar nicht so ohne weiteres bestimmen. Den Ausdruck *der Rose* z. B. kann man nur deswegen als Genitiv und Dativ bezeichnen, weil es z. B. Wörter wie *Veilchen* gibt, die für dieselben Aufgaben verschiedene Kasusformen, nämlich *des Veilchens* und *dem Veilchen*, aufweisen; oder *die Rose* kann nur deswegen als Nominativ oder Akkusativ gelten, weil diesen Formen in anderen Zusammenhängen etwa *der Mann* und *den Mann* entsprechen kann.

Ein Kasus ist also ein – auch im Lateinischen bei weitem nicht immer eindeutiges! – Signal für bestimmte Rollen eines Wortes im Satz. In den modernen Schulsprachen werden diese Rollen vorwiegend, im Deutschen weit häufiger als im Lateinischen durch Präpositionen oder durch die Wortstellung ausgedrückt.
Eine zweite wichtige Aufgabe der Kasus liegt darin, die Zusammengehörigkeit oder Kongruenz (▶ S. 164) von Wörtern im Satz zu verdeutlichen. So ist z. B. die Zuordnung von Adjektiven und Partizipien zu Substantiven leichter kontrollierbar, etwa **bēstiae fērōcēs** *wilde Tiere* oder **bēstiae fērōcī** *(einem) wilden Tier*.

Weil das im Lateinischen so ist, können Autoren stärker als in anderen Sprachen mit der Wortstellung spielen – zum eigenen Vergnügen, zur Leser- bzw. Verstehenslenkung, sicher auch zum Spaß des lateinischen Lesers und bisweilen zur schieren Verzweiflung von Lateinlernenden. Die Existenz der Wortformen ist also zum Gutteil die Voraussetzung für die Entfaltung lateinischer Stil- und Sprachkunst-Möglichkeiten.

Grammatik

Die fünf Deklinationsgruppen des Lateinischen

Wie im Deutschen werden die Nomina des Lateinischen nicht nach *einem* Schema dekliniert, sondern es gibt fünf Deklinationsgruppen. Deren Bezeichnung richtet sich danach, ob der Wortstamm auf einen Konsonanten oder einen Vokal auslautet. Am besten ist die Sachlage am Genitiv Plural zu erkennen:

– **corpor-um** oder **urb-ium**:	gemischte Deklination;	(*Körper; Stadt*)
– **asinō-rum**:	o-Deklination;	(*Esel*)
– **rosā-rum**:	a-Deklination;	(*Rose*)
– **portu-um**:	u-Deklination;	(*Hafen*)
– **rē-rum**:	e-Deklination.	(*Ding, Sache*)

Allgemeine Kasusregeln

Folgende formale Regeln gelten für sämtliche Deklinationsgruppen:

- Bei Neutra ist der Akkusativ Singular ohne Ausnahme gleich dem Nominativ Singular.
- Alle Neutra haben im Plural die Endung -a im Nominativ und Akkusativ.
- In allen Deklinationsgruppen ist der Ablativ Plural immer gleichlautend mit dem Dativ Plural.

Die Formen der Nomina

Die Substantive

Die o- und a-Deklination

Ihren Namen haben diese häufigen Deklinationsgruppen daher, dass der Stamm der Wörter (der Teil vor der Endung) ursprünglich auf -o- bzw. -a- auslautete.

Genus: Die meisten Wörter der o-Deklination sind Maskulinum (Nom. Sg. auf **-us** oder **-er**) oder Neutrum (Nom. Sg. auf **-um**), die meisten Wörter der a-Deklination Femininum. Bei Lebewesen hat immer das biologische Geschlecht Vorrang.

Beispiele: hortus – *(der) Garten;* **faber** – *(der) Handwerker;* **verbum** – *(das) Wort;* **fōrma** – *(die) Form, (das) Bild*

SINGULAR		O-DEKLINATION		A-DEKLINATION
Nom.	**hortus**	**faber**	**verbum**	**fōrma**
Gen.	**hortī**	**fabrī**	**verbī**	**fōrmae**
Dat.	**hortō**	**fabrō**	**verbō**	**fōrmae**
Akk.	**hortum**	**fabrum**	**verbum**	**fōrmam**
Abl.	**hortō**	**fabrō**	**verbō**	**fōrmā**

PLURAL		O-DEKLINATION		A-DEKLINATION
Nom.	**hortī**	**fabrī**	**verba**	**fōrmae**
Gen.	**hortōrum**	**fabrōrum**	**verbōrum**	**fōrmārum**
Dat.	**hortīs**	**fabrīs**	**verbīs**	**fōrmīs**
Akk.	**hortōs**	**fabrōs**	**verba**	**fōrmās**
Abl.	**hortīs**	**fabrīs**	**verbīs**	**fōrmīs**

Besonderheiten der o-Deklination:

Ein Teil der Wörter mit Nominativ Singular auf **-er** wie z. B. **faber (Gen. fabrī)** verliert das e aus der Endsilbe **-er**, andere wie **puer (Gen. puerī)** *Junge* behalten es in allen Kasus. Ein Fall für sich ist das häufige Wort **vir** (Gen. **virī**) *Mann*.

- Als Anredeform (Vokativ) existiert in dieser Gruppe eine Form auf **-e**, also z. B. **domine** *Herr!* (abgeschwächt aus **-o**). Namen auf **-ius** sowie **filius** haben einen Vokativ auf **-ī**, also z. B. **Pūblī** *Publius!*, **(mī) fīlī** *(mein) Sohn!*
- Der Genitiv Singular von Wörtern oder Namen auf **-ius** bzw. **-ium**, z. B. **Lūcius** oder **cōnsilium**, lautet normalerweise auf ein **-ī** aus, also **Lūcī** bzw. **cōnsilī**.
- Als Genitiv Plural findet sich verschiedentlich auch eine Form auf **-um**, z. B. **deum** *der Götter* oder **nummum** *der Sesterzen*.
- Das Wort **deus** *Gott* hat oft die Formen **dī** für **deī** und **dīs** für **deīs** oder **diīs**.

Besonderheiten der a-Deklination:

Hier sind die nicht wenigen Substantive zu beachten, die nach der Regel vom Vorrang des biologischen Geschlechts maskulin (oder ganz nach Kontext auch feminin) sind, etwa:

nauta *Seemann, Matrose*, **poēta** *Dichter*, **incola** *Einwohner* und *Einwohnerin*. Eine *Dichterin* z. B. ist jedoch eine **poētria**.

Bei einzelnen Wendungen findet sich ein Genitiv Singular auf **-ās**, z. B.
pater/māter familiās *Familienoberhaupt, „Clanchef"; Herrin der Familie*

Die gemischte Deklination (3. Deklination)

Die größte Gruppe bildet die sog. gemischte Deklination. Der Wortstamm endet in dieser Gruppe auf Konsonant oder (sehr selten) auf **-i-**. Der Begriff „gemischte Deklination" bezieht sich darauf, dass diese Deklinationsgruppe aus Substantiven mit konsonantischem Stamm, vokalischem bzw. i-Stamm und aus der sog. Mischklasse besteht.

Für die Substantive dieser Gruppe gibt es auch die Bezeichnungen **konsonantische Deklination** und **i-Deklination**. Wörter, die Merkmale aus beiden Untergruppen gemeinsam haben (Sg. nach der konsonantischen, Gen. Pl. nach der i-Deklination), zählt man dann zur sog. **Mischklasse.**

Das Genus der Wörter dieser Gruppe ist nicht festgelegt. Als Regel gilt auch hier: Bei Lebewesen entspricht das grammatikalische Genus dem biologischen Geschlecht. Viele Bilde-Elemente am Wortausgang sind jedoch mit bestimmten Genera verbunden, z. B. ist **-tor** (bezeichnet den Ausführenden einer Handlung) immer Maskulinum (**victor** *Sieger*), **-trīx** Femininum (**victrīx** *Siegerin*) oder **-tiō** (bezeichnet eine Handlung) immer Femininum (**sēditiō** *Aufstand*).

Die Wörter dieser Gruppe bilden den Nominativ Singular im Maskulinum und Femininum mit **s** oder ohne **s**. In den meisten Fällen weicht der Nominativ Singular im Wortstamm von den übrigen Kasus ab. Es empfiehlt sich daher, sich grundsätzlich neben dem Nominativ stets z. B. den Genitiv Singular mit einzuprägen (der Genitiv wird in Wörterbüchern grundsätzlich mit angegeben), z. B.

homō, hominis *Mensch, Mann*; **caput, capitis** *Haupt, Kopf*; **lūsiō, lūsiōnis** *Spiel*; **grex, gregis** *Herde, Gruppe*.

Beispiele: ōrātor – *(der) Redner*; **urbs** – *(die) Stadt*; **canis** – *(der) Hund*; **genus** (n.) – *(das) Geschlecht*

	SINGULAR			
Nom.	**ōrātor**	**urbs**	**canis**	**genus**
Gen.	**ōrātōris**	**urbis**	**canis**	**generis**
Dat.	**ōrātōrī**	**urbī**	**canī**	**generī**
Akk.	**ōrātōrem**	**urbem**	**canem**	**genus**
Abl.	**ōrātōre**	**urbe**	**cane**	**genere**

PLURAL				
Nom.	**ōrātōrēs**	**urbēs**	**canēs**	**genera**
Gen.	**ōrātōrum**	**urbium**	**canum**	**generum**
Dat.	**ōrātōribus**	**urbibus**	**canibus**	**generibus**
Akk.	**ōrātōrēs**	**urbēs**	**canēs**	**genera**
Abl.	**ōrātōribus**	**urbibus**	**canibus**	**generibus**

! Bei anderen Wörtern des Neutrums mit Stamm auf **-us** wird dieser im Genitiv und den anderen Kasus zu **-or-** umgelautet, z. B. **tempus, Gen. temporis,** *Zeit*. (Erinnerst du dich? Im Lateinischen wird s zwischen Vokalen stets zu r!)

Einzelne Besonderheiten

wie z. B. **Iuppiter** (**Iūp**-; eigtl. **Iov**-pater *Jovis-Vater*), Genitiv **Iovis** usw. oder **iter** (n.) *Weg, Marsch*, Genitiv **itineris**, **sĕnex**, Genitiv **sĕnis,** *Greis, alter Mann* etc. finden sich im Wörterbuch.

i-Stämme

Für die Handvoll Wörter mit i-Stamm ist charakteristisch, dass alle Kasus (außer bei einigen der Nominativ Sg./Pl. sowie Akkusativ Plural) ohne Ausnahme ein -i- zeigen.

Beispiele: turris (f.) *(der) Turm*; **mare** (n.) – *(das) Meer*; **animal** (n.) – *(das) Tier*

SINGULAR			
Nom.	**turris**	**mare**	**animal**
Gen.	**turris**	**maris**	**animālis**
Dat.	**turrī**	**marī**	**animālī**
Akk.	**turrim**	**mare**	**animal**
Abl.	**turrī**	**marī**	**animālī**

PLURAL			
Nom.	**turrēs**	**maria**	**animālia**
Gen.	**turrium**	**marium**	**animālium**
Dat.	**turribus**	**maribus**	**animālibus**
Akk.	**turrīs/-ēs**	**maria**	**animālia**
Abl.	**turribus**	**maribus**	**animālibus**

Grammatik

Die u-Deklination

Eine kleinere Gruppe Wörter mit u-Stamm bildet den Nominativ Singular auf **-us** oder **-ū.**
Das grammatikalische Genus ist zumeist maskulin, die mit Nominativ Singular auf **-ū** sind Neutra.

Beispiele: frūctus (m.) – *(der) Ertrag;* **cornū** (n.) – *(das) Horn*

	SINGULAR	PLURAL	SINGULAR	PLURAL
Nom.	**frūctus**	**frūctūs**	**cornū**	**cornua**
Gen.	**frūctūs**	**frūctuum**	**cornūs**	**cornuum**
Dat.	**frūctuī**	**frūctibus**	**cornū**	**cornibus**
Akk.	**frūctum**	**frūctūs**	**cornū**	**cornua**
Abl.	**frūctū**	**frūctibus**	**cornū**	**cornibus**

Feminina: **manus** *Hand*, **domus** *Haus*, **anus** *Greisin* u. a.
Neutrum: Der Dativ Singular der Neutra lautet meist **-ū**, also hier **cornū** (daneben **cornuī**).

- Das Wort **domus** *Haus* zeigt öfter Formen aus der o-Deklination, z. B. **domō** (Abl. Sg.), **domōs** (Akk. Pl.) oder **domōrum** (Gen. Pl.).

Die e-Deklination

Die kleinste Gruppe der Substantive bilden Wörter der e-Deklination (Stammauslaut also auf -e), deren Nominativ Singular stets auf -ēs ausgeht. Zu ihr gehören die wichtigen Wörter **rēs** *(die) Sache* und **diēs** *(der) Tag*. Die Wörter der e-Deklination sind sämtlich feminin; Ausnahme **diēs** (m.) *Tag*, das in der Bedeutung *Termin* allerdings ebenfalls feminin ist.

	SINGULAR	PLURAL	SINGULAR	PLURAL
Nom.	**rēs**	**rēs**	**diēs**	**diēs**
Gen.	**reī**	**rērum**	**diēī**	**diērum**
Dat.	**reī**	**rēbus**	**diēī**	**diēbus**
Akk.	**rem**	**rēs**	**diem**	**diēs**
Abl.	**rē**	**rēbus**	**diē**	**diēbus**

Die Adjektive

Adjektive der o- und a-Deklination
Beispiel: bonus, -a, -um – *gut*

SINGULAR	MASKULINUM	FEMININUM	NEUTRUM
Nom.	**bonus**	**bona**	**bonum**
Gen.	**bonī**	**bonae**	**bonī**
Dat.	**bonō**	**bonae**	**bonō**
Akk.	**bonum**	**bonam**	**bonum**
Abl.	**bonō**	**bonā**	**bonō**

PLURAL	MASKULINUM	FEMININUM	NEUTRUM
Nom.	**bonī**	**bonae**	**bona**
Gen.	**bonōrum**	**bonārum**	**bonōrum**
Dat.	**bonīs**	**bonīs**	**bonīs**
Akk.	**bonōs**	**bonās**	**bona**
Abl.	**bonīs**	**bonīs**	**bonīs**

Wie bei den Substantiven der o-Deklination gibt es auch einzelne Adjektive, die im Nominativ Singular Maskulinum auf **-er** auslauten, z. B.

pulcher, pulchra, pulchrum *schön*
prosper, prospera, prosperum *glücklich*

Die Adjektive der 3. Deklination
Diese Gruppe von Adjektiven weisen im Nominativ Singular drei Typen auf:

- *verschiedene* Signale für Maskulinum, Femininum und Neutrum:
  ācer, ācris, ācre – *scharf, spitz*
  celer, celeris, celere – *schnell*

- *ein* Signal für Maskulinum und Femininum, *eins* für das Neutrum:
  ūtilis, ūtile – *nützlich*

- *ein* Signal für alle drei Genera:
  audāx (Gen. **-cis)** – *kühn*, **vehemēns** (Gen. **-ntis)** – *heftig*

Grammatik

	SINGULAR m./f.	SINGULAR n.	PLURAL m./f.	PLURAL n.
Nom.	**ūtilis**	**ūtile**	**ūtilēs**	**ūtilia**
Gen.	**ūtilis**		**ūtilium**	
Dat.	**ūtilī**		**ūtilibus**	
Akk.	**ūtilem**	**ūtile**	**ūtilēs / -īs**	**ūtilia**
Abl.	**ūtilī**		**ūtilibus**	

Alle haben im Ablativ Singular **-ī**.

Ein paar Adjektive der 3. Deklination haben Plural -a und -um und im Ablativ Singular -e, z. B. **vetus, -teris: vetera, veterum, vetere.**

Selbstständige Adjektive

Im Deutschen können selbstständig auftretende Adjektive den Artikel tragen und sind auf diese Weise als Substantive („substantivierte" Adjektive) zu erkennen, z. B. *das Gute, das Nützliche.* Im Lateinischen erkennt man sie nur daran, dass sie selbstständig, also ohne Beziehungswort, auftreten:

vēra ā falsīs diiūdicāre	*Wahres vom Falschen trennen*
aliquid bonī (Gen.)	*etwas Gutes*
Aegrōtī sōlis calōre recreantur.	*Kranke erholen sich in der Wärme der Sonne.*
in pūblicum prōdeō	*ich trete öffentlich auf*

citius – altius – fortius: Steigerung der Adjektive

Schneller – höher – stärker: das Motto der Olympischen Spiele. Der Komparativ der Adjektive bildet seine Formen nach der 3. Deklination mithilfe der Bildesilben **-ior** (Mask. und Fem.) bzw. **-ius** (Neutrum).

Beispiel: dīgnus, -a, -um – *würdig, wert*, Komparativ *würdiger*:

	SINGULAR m./f.	SINGULAR n.	PLURAL m./f.	PLURAL n.
Nom.	**dīgnior**	**dīgnius**	**dīgniōrēs**	**dīgniōra**
Gen.	**dīgniōris**		**dīgniōrum**	
Dat.	**dīgniōrī**		**dīgniōribus**	

Akk.	dīgniōrem	dīgnius	dīgniōrēs	dīgniōra
Abl.	dīgniōre		dīgniōribus	

Die Adjektive der gemischten Deklination werden genauso gebildet, z. B. **brevis, -e, – brevior, -ius** (*kurz, kürzer)*.

Der Superlativ zeigt die Bildesilben **-issimus, -rimus (-a, -um)**, **-limus, -(i)mus (-a, -um)** und flektiert wie die Grundform (Positiv) nach der o-/a-Deklination:

dīgnissimus, -a, -um	*der würdigste*	<	**dīgnus, -a, -um** *würdig*
prosperrimus, -a, -um	*der glücklichste*	<	**prosper, -era, -erum** *glücklich*
facillimus, -a, -um	*der leichteste*	<	**facilis, -e** *leicht* (zu tun)
levissimus, -a, -um	*der leichteste*	<	**levis, -e** *leicht* (von Gewicht)
optimus, -a, -um	*der beste*	<	**bonus, -a, -um** *gut*

- Adjektive mit Vokal als Stammauslaut bilden Komparativ und Superlativ mit Umschreibung (auch bei den übrigen möglich):

arduus, -a, um	**magis arduus, -a, um**	**māximē arduus, -a, -um**
steil	*steiler*	*der steilste*

- Wie im Deutschen und in anderen Sprachen bilden einzelne Adjektive die Steigerungsformen mithilfe verschiedener Stämme:

bonus, -a, -um	*gut*	**melior, -ius**	**optimus, -a, -um**
malus, -a, -um	*schlecht*	**pēior, pēius**	**pessimus, -a, -um**
māgnus, -a, -um	*groß*	**māior, -ius**	**māximus, -a, -um**
parvus, -a, -um	*klein*	**minor, minus**	**minimus, -a, -um**
multī, -ae, -a	*viele*	**plūrēs, plūra**	**plūrimī, -ae, -a**
			plērīque, -aeque, -aque

▶ Formen des Adverbs S. 30 ff.

Die Formen des Superlativs bezeichnen auch eine besonders hervorgehobene Stufe (sog. „Elativ" oder „absoluter Superlativ"). Im Deutschen ist das ein Fall für zusammengesetzte Adjektive der Art *hundsmiserabel, saugut*, oder man verwendet das neutrale *besonders, höchst, äußerst*. Der Fall liegt dann vor, wenn im Kontext kein Vergleichspunkt auftaucht:

Olympus est mōns altissimus.	*Der Olymp ist ein* ***besonders hoher*** *Berg.*

Eine weitere Art der Bildung eines solchen Elativs liegt in der Vorschaltung der Silbe **per-** oder **prae-** vor ein Adjektiv: **perbonus, -a, -um** *überaus gut*; **praeclārus, -a, -um** *höchst berühmt*.

- Beachte: **summus mōns** *der höchste Berg* oder *der Berg ganz oben, die Bergspitze*; **agmen novissimum** *der Zug ganz hinten ≈ die Nachhut*.

Auch der Komparativ tritt – ganz ähnlich auch im Deutschen – als absoluter Komparativ ohne direkten Vergleichspunkt auf. Er beschreibt dann einen *relativ* („vergleichsweise“) hohen Grad eines Merkmals, etwa: *Gau-Algesheim ist eine kleinere Stadt im Mittelrheintal*. Beispiel:

Vīvāmus, mea Lesbia, atque amēmus/ rūmōrēsque senum sevēriōrum/omnēs ūnīus aestimēmus assis.	*Lass uns leben, meine Lesbia, und uns lieben und das Gerede der* ***allzu strengen*** *Alten beide um keinen Heller ernst nehmen.*
Mūnus hŏc difficilius est.	*Diese Aufgabe ist* ***ziemlich/zu*** *schwierig. (Kontext!)*

...und bin so klug als wie zuvor

Vergleichen kann man auf allen Stufen. Im Lateinischen sieht das so aus:

- **Grundstufe:** *(Positiv)*
  Tam moveor quam tū. *Ich bin* ***so*** *beunruhigt* ***wie*** *du.*

  Bei Adjektiven der Gleichheit oder Verschiedenheit:
  Nōnnūllī aliter agunt atque loquuntur. *Manche handeln* ***anders als*** *sie sprechen.*

- **Komparativ:** **Mūnus hŏc levius est quam illud.**
  Diese Aufgabe ist leichter ***als*** *jene.*
  Ille loquāx magis est quam fācundus. *Der ist mit der Zunge schneller* ***als*** *gewandt (schwatzhafter als redegewandt)*; stattdessen auch: **Ille loquācior est quam fācundior.**

  Typisch lateinisch: Der Bezugspunkt des Vergleichs lässt sich statt mit **quam** auch mit dem Ablativ bezeichnen; beachte den Kontext – weitere Ablative (wie {hier}) sind nicht auszuschließen:
  Mūnus hŏc {multō} levius est illō.
  *Diese Aufgabe ist {um vieles} leicht****er als jene****.*
  Rūfus māior est quīndecim annīs.
  *Rufus ist ält****er als*** *fünfzehn* ***Jahre.***

Olympus mōns altior est Vesuviō.
*Der Olymp ist höh**er als** der **Vesuv**.*

- **Superlativ:** **Cicerō omnium Rōmanōrum ōrātōrum clārissimus est** (Bezugspunkt im Genitiv).
  *Cicero ist **der berühmteste** aller römischen Redner.*
  Auch: ... ex omnibus Rōmānōrum ōrātōribus ... (*von*)
  ... inter omnēs Rōmānōrum ōrātōrēs ... (*unter*)

Vergleichssätze nach einem Komparativ werden mit **quam ut** + Konjunktiv angeschlossen:

Hoc vidētur gravius esse, quam ut facile intellegī possīt.	*Das scheint **zu bedeutend** zu sein, **als dass** es leicht zu begreifen wäre.*

Der Aspekt des Vergleichens steckt bisweilen im Verb:

Praestāre dīcunt Gallōrum quam Rōmānōrum imperia perferre. *Sie sagen, **besser sei** es, die Befehle der Gallier als die der Römer zu ertragen.*

Verbaladjektive

Partizip Präsens Aktiv (PPA), Partizip Futur Aktiv (PFA), Partizip Perfekt Passiv (PPP) ▶ S. 50 ff.
Gerundivum ▶ S. 55 ff., 138 ff.

Zahlen

Im Lateinischen sind wie im Deutschen einige Zahlen deklinierbar, z. B. **ūnus, duo, trēs** *eins, zwei, drei*:

Nom.	**ūnus**	**ūna**	**ūnum**	**duo**	**duae**	**duo**	**trēs**	**tria**
Gen.		**ūnius**		**duōrum**	**duārum**	**duōrum**	**trium**	
Dat.		**ūnī**		**duōbus**	**duābus**	**duōbus**	**tribus**	
Akk.	**ūnum**	**ūnam**	**ūnum**	**duō(s)**	**duās**	**duo**	**trēs**	**tria**
Abl.	**ūnō**	**ūnā**	**ūnō**	**duōbus**	**duābus**	**duōbus**	**tribus**	

Zu **ūnus, -a, -um** ▶ **S. 166**

- Die Hunderter (außer **centum** *hundert* selbst) flektieren nach der o-/a-Deklination: **ducentī, ducentae, ducenta** usw.

- Zum undeklinierten **mīlle** gehört ein deklinierter Plural:
  (**duo** usw.) **mīlia, mīlium, mīlibus, mīlia, mīlibus**.

Als Adjektiv begleitet **mīlle** das zugehörige Wort in dessen Kasus, z. B. **mīlle equitēs** *tausend Reiter* oder **cum mīlle equitibus** *mit tausend Reitern*. Als Substantiv folgt auf **mīlle** ein Genitiv, z. B. **mīlia hominum** *Tausende von Menschen, tausend Menschen*.

Bei den Ordnungszahlen (*der erste* usw.) finden zur Darstellung höherer Zahlen die Zahladverbien Verwendung (▶ Anhang S. 171 ff.).

Tausenderzahlzeichen werden mit einem Oberstrich ‾ dargestellt, der *1000-mal* bedeutet (z. B. $\overline{\text{X}}$ oder $\overline{\text{D}}$), zur Bezeichnung von Millionen dienen drei Balken ⊓ mit der Bedeutung *100000-mal*, z. B. $|\overline{\text{X}}|$.

Bei Pluralwörtern werden üblicherweise die Verteilungs- (Distributiv-)Zahlen anstelle der Grundzahlen gebraucht, z. B. **quaternae litterae** *vier Briefe*.

Der Genitiv lautet häufig auf **-um** statt **-ōrum**, z. B. **bīnum castrōrum** *von zwei Lagern*.

Vollständige Zahlentabellen: ▶ Anhang S. 171 ff.

Das Adverb

Adverbien definieren Begriffe anderer Wortarten (v. a. das Adjektiv, z. B. *sehr* schön) oder die Umstände ganzer Sätze näher, z. B. *dort, häufig, vielleicht*. Ihr Platz ist dabei insgesamt vorwiegend „beim Verb".

Zu den reinen Adverbien (Stammwortadverbien) gehören wie im Deutschen Wörter wie **crās** *morgen*, **diū** *lange*, **saepe** *oft*. Dazu gibt es abgeleitete Adverbien, die ebenfalls nur die Rolle „Adverb" spielen, etwa **vesperī** *abends*, **grātīs** *umsonst*, **nūper** *neulich*, **eō** *dorthin* und viele andere. Die Herkunft dieser Wörter ist oft erkennbar.

Sehr viele dieser Wörter tragen im Lateinischen Kasusendungen, etwa **vesperī** ≈ *des Abends* und Adverb *abends* (ganz genauso im Deutschen). Das wirft das Problem auf, sie nicht mit „echten" Kasus zu verwechseln, die im Satz andere Aufgaben erfüllen (z. B. Objekt zu sein). Daher empfiehlt es sich, „bei Verdacht" entweder im Wörterbuch nachzusehen, das alle Adverbien aufführt, oder besser zunächst zu prüfen, ob das jeweilige Wort vom Sinn her einen Begleitumstand der Verbaussage oder eher mit einem anderen Wort zusammen eine Gruppe bilden kann.

- Schließlich, drittens, lassen sich Adverbien von fast jedem Adjektiv ableiten. Während diese im Deutschen zumeist gleichlautend mit der Grundform des Adjektivs (z. B. *schön*) sind, dienen im Lateinischen zur Ableitung die folgenden Signale:

a-/o-Deklination	meist **-ē**	seltener **-ō**
gemischte Deklination	**-iter, -ter**	

Steigerbare Adverbien nehmen im Komparativ den Ausgang **-ius** an: **saepe, saepius** *oft, öfter*. Im Superlativ lautet das Adverb regelmäßig auf **-ē** aus:

dīgnus, -a, -um	dīgnē	dīgnius	dīgnissimē
rārus, -a, -um	rārō	rārius	rarissimē
prosper, -a, -um	prosperē	prosperius	prosperrimē
brevis, -e	breviter	brevius	brevissimē

Leicht erkennbare Varianten:
ācriter < **ācer** *(scharf)*; **audācter < audāx** *(verwegen)*; **vehementer < vehemēns** (*heftig*)

Einzelne Besonderheiten:
běně < bonus, -a, -um *(gut)*; **malě < malus, -a, -um** (*schlecht*); **valdē** *sehr* < **validus, -a, -um** (*stark, heftig)*; **difficulter < difficilis, -e** (*schwer* [zu leisten]).

Einzelne Adjektiv haben das Neutrum Singular als Adverb, z. B. **facile** < **facilis, -e** *(leicht)*; **multum** *viel*; **cēterum** *übrigens*.

Beachte:
vērō *tatsächlich* – **vērē** *wahrheitsgemäß*; **certē** *in der Tat* – **certō** *sicher, gewiss*.

- Wie im Deutschen („die Menschen *damals*") können Adverbien die Aufgabe von Attributen übernehmen:

Intuēminī hōrum deinceps annōrum vel secundās rēs vel adversās.	*Betrachtet das Glück und das Unglück dieser Jahre* ***nacheinander*** *≈* ***aufeinander folgenden*** *Jahre.*

3 Formen und Informationen – das Verb

Die Verbformen und ihre Merkmale

Die Stämme des Verbs

Wie im Deutschen, beispielsweise *loben – lobte – gelobt* (schwach); *nehmen – nahm – genommen* (stark), besitzen auch im Lateinischen die Verben drei Stämme. Unter einem Stamm versteht man das (wie *nehm-, nahm-, -nomm-* unterschiedlich oder wie *lob-, lob-, -lob-* gleich lautende) Grundelement eines Verbs in den verschiedenen Tempora, das die Bedeutung ausdrückt; dem Stamm werden *Vorsilben, Bildevokale* und *Endungen* vorgeschaltet bzw. angehängt.

Von den jeweils drei (oft unterschiedlichen) Stämmen werden die verschiedenen Tempora und Modi gebildet. Im Lateinischen gibt es folgende Stämme des Verbs:

PRÄSENSSTAMM	
Tempora	Präsens, Futur I, Imperfekt
Modi	Konjunktiv Präsens und Imperfekt, Imperativ I/II
Verbaladjektive	Partizip Präsens Aktiv (PPA), Gerundivum, Gerundium
PERFEKTSTAMM	
Tempora	Perfekt, Futur II, Plusquamperfekt
Modi	Konjunktiv Perfekt und Plusquamperfekt
PPP-STAMM (PPP: PARTIZIP PERFEKT PASSIV)	
Tempora	zusammen mit Formen von **esse** (*sein*) Perfekt Passiv, Futur II Passiv, Plusquamperfekt Passiv; Perfekt usw. der Deponentien
Modi	zusammen mit Formen von **esse** (*sein*) Konjunktiv Perfekt und Plusquamperfekt Passiv
Partizipien	Partizip Perfekt Passiv (PPP), Partizip Futur Aktiv (PFA)

Grammatik

Fünf Konjugationsgruppen

Je nach dem Auslaut des Präsensstamms werden lateinische Verben fünf Konjugationsgruppen zugeordnet:

- **a-Konjugation: vocāre** (*rufen*)
- **e-Konjugation: monēre** (*ermahnen*)
- **ī-Konjugation** (langes **ī**): **audīre** (*hören*)
- **konsonantische Konjugation** (einschl. u-Stämme): **regere** (*lenken*)
- **gemischte Konjugation** (auch: *Kurz-i-* oder *konsonantische Konjugation mit i-Erweiterung*): **capere** (*fangen*) (das Stamm-e ist aus i abgeschwächt)

„Normaltypen" und „Variationstypen" (sog. unregelmäßige Verben)

Gleich wie im Deutschen gibt es im Lateinischen *zwei Grundweisen*, nach denen Verben ihre Stämme bilden: Normaltypen und Variationstypen.

● „Normaltypen": Die weitaus meisten Verben der a-, e- und i-Konjugation folgen einem Normaltyp:

a-Konjugation	v-Perfekt	**vocāre, vocō, vocāvi, vocātum**
e-Konjugation	u-Perfekt	**monēre, moneō, monui, monitum**
i-Konjugation	v-Perfekt	**audīre, audiō, audīvi, audītum**

! Einzelne Verben dieser Gruppen bilden ein vom Normaltyp abweichendes Perfekt Aktiv und/oder Partizip Perfekt Passiv.

● „Variationstypen" (sog. unregelmäßige Verben): Die konsonantische und gemischte Konjugation besitzen keinen Normaltyp. Ihre lautlich z. T. deutlich variierenden Stämme sind nach oft nicht mehr erkennbaren Regeln historisch entstanden (in dem Sinne sind es also *keine* „unregelmäßigen" Verben).

Hier hilft nur eins: von jedem wichtigen Verb die Stammreihen zu lernen und sich besonders die lautlich ähnlichen gut einzuprägen.

Die Verben, die nicht zu den Normaltypen gehören, werden nach der Bildeweise ihres Perfekts Aktiv, also des Perfekt-(Aktiv-)Stamms, eingeteilt.

Eine Hilfe bieten die heutigen Lexika: In ihnen findet man die Stammformen aller Verben, die nicht dem Normaltyp angehören, alphabetisch eingeordnet.

Die Bildung des Perfekt-Aktiv-Stamms

Es gibt sieben verschiedene Bildeweisen des Perfekt-Aktiv-Stamms (3. Person Singular):

BILDESIGNAL	PRÄSENSSTAMM	PERFEKTSTAMM
-v-:	**vocat**	vocāv**it**
-u-:	**monet**	monu**it**
-s-:	**regit**	rēx**it**
Reduplikation:	**poscit**	poposc**it**
Stammperfekt (≈ Präsens):	**vertit**	vert**it**
Vokaldehnung:	**videt**	vīd**it**
Dehnung + Ablaut:	**capit**	cēp**it**

Beim Reduplikationsperfekt wird der anlautende Konsonant verdoppelt und ein Vokal (entweder ein e oder derselbe wie in der ersten Silbe) dazwischengeschoben.

Der Stamm des Partizip Perfekt Passiv

Der dritte Stamm des Verbs zeigt oft ebenfalls Veränderungen gegenüber dem Präsens- und/oder Perfektstamm. Von ihm wird das wichtige Partizip Perfekt Passiv (PPP) gebildet (auch genannt: Partizip der Vorzeitigkeit Passiv; ▶ Perfekt Passiv S. 47 f.). Als Verbaladjektiv wird das Partizip wie im Deutschen dekliniert.

Der PPP-Stamm ist immer gut an seinem Signal zu erkennen: -t- oder -s- + **-us/-a/-um** (Nominativ Singular):

audīre	audītus, -a, -um
regere	rēctus, -a, -um
dēfendere	dēfēnsus, -a, -um

Laut- und Schreibregeln

▶ S. 16; Beispiele zum Verb:

- **dīcere, dīxī, dictum** *(sagen)*; **exstinguere, exstīnxī, exstīnctum** *(auslöschen)*
- **pingere, pīnxī, pictum** *(malen)*; **trahere, trāxī, trāctum** *(ziehen)*
- **scrībere, scrīpsī, scrīptum** *(schreiben)*; **sūmere, sūmpsī, sūmptum** *(nehmen)*

Grammatik

Die Stammformenreihe

Die vollständige Stammformenreihe eines aktivischen lateinischen Verbs besteht aus folgenden Elementen, z. B. bei den Verben **vidēre** *sehen* und **capere** *fangen, fassen*:

INFINITIV PRÄSENS AKTIV	1. P. SG. PRÄS. AKT.	1. P. SG. PERF. AKT.	PPP NOM. SG. N.
vidēre	**videō**	**vīdī**	**vīsum**
capere	**capiō**	**cēpī**	**captum**

Für das PPP wird in der Regel der Nominativ Singular Neutrum angegeben, da ein Teil der Verben (die sog. intransitiven) nur über diese Form verfügt.

Informationen durch Signale

Genauso wie im Deutschen trägt das Verb im Lateinischen Signale für Person, Numerus (Personenzahl: Singular/Plural), Tempus, Modus, Aktiv/Passiv (Diathesen oder Genera Verbi).

Übersicht über die Personensignale des Verbs

! **Typisch lateinisch**: Beim *Sprecher (ich, wir*: 1. Person) und beim *Angesprochenen (du, ihr*: 2. Person) begnügt sich das Lateinische zumeist mit den Personalendungen, die im Verb enthalten sind, und verzichtet auf die Personalpronomina (▶ S. 146).

Diese Signale sind insgesamt recht überschaubar, doch nicht in jedem Fall eindeutig, da viele äußerlich mit Endungsformen anderer Wörter identisch sind. Das **-ō bzw. -m** oder **-or bzw. -r** der 1. Person Singular ist jeweils ausschließlich für bestimmte Fälle vorgesehen:

			1. P.	2. P.	3. P.
Aktiv	Alle Tempora außer Perfekt	Sg.	**-ō/-m** *ich*	**-s** *du*	**-t** *er, sie, es*
		Pl.	**-mus** *wir*	**-tis** *ihr*	**-nt** *sie*
	nur Perfekt	Sg.	**-ī** *ich*	**-istī** *du*	**-it** *er, sie, es*
		Pl.	**-imus** *wir*	**-istis** *ihr*	**-ērunt [-ēre]** *sie*
Passiv/ Dep.	alle Tempora des Präsensstammes	Sg.	**-or/-r** *ich*	**-ris** [**-re**] *du*	**-tur** *er, sie, es*
		Pl.	**-mur** *wir*	**-minī** *ihr*	**-ntur** *sie*

Die im Text besonders häufigen und wichtigen Formen der 3. Person

3. P.	-t	(Aktiv Singular)	-nt	(Aktiv Plural)
	-tur	(Passiv Singular)	-ntur	(Passiv Plural)

gibt es im Lateinischen bei anderen Wortarten fast gar nicht (**-t, -tur**) oder gar nicht (**-nt, -ntur**); sie sind also eindeutig. Damit sorgen sie als Signal für die 3. Person (Singular und Plural, Aktiv bzw. Passiv) eigentlich immer für „klare Verhältnisse“:

3. P.	Findet sich das zugehörige Subjekt nicht im selben Satz wie das Verb, ergibt sich aus dem Zusammenhang, ob im Deutschen *er/sie/es* bzw. *sie* (Pl.) hinzuzufügen ist.

Die Imperative zeigen folgende Signale:

		2. P.	3. P.
Aktiv	Sg.	**-Ø/-e; -tō**	**-tō**
	Pl.	**-te; -tōte**	**-ntō**
Passiv/ Dep.	Sg.	**-re; -tor**	**-tor**
	Pl.	**-minī**	**-ntor**

Ø: Das übliche Zeichen für „Null“ – auch das Fehlen eines Signals kann ein Signal sein.

Zwischen die Stämme des Verbs und die Personalendungen treten häufig zur „reibungslosen“ Aussprache sog. Bildevokale (auch genannt: Bindevokale): **e**, **i** oder **u**. In den Tabellen werden hier die einzelnen Elemente zur Verdeutlichung meist leicht voneinander abgesetzt. Manchmal verschmelzen zwei Vokale miteinander.

Auch die Tempora sind durchweg an ihren eigenen Signalen zu erkennen. Anders als im Deutschen bestehen aber Perfekt sowie Plusquamperfekt des Aktivs und viele Tempora des Passivs aus einheitlichen zusammengesetzten Formen. Das lateinische Passiv hat zudem weitergehende Aufgaben als das deutsche und ist mit diesem nicht einfach gleichzusetzen (▶ S. 93 f.).

Typisch lateinisch: Es gibt Verben mit nur *passivischen* Formen bei *aktivischer* (oder reflexiver – *sich*) Bedeutung, sog. Deponentien (▶ S. 49 f.).

Infinitive und Partizipien

Wie das Deutsche hat das lateinische Verb auch Infinitive, wie im Deutschen werden vom Verb Partizipien („Verbaladjektive“) abgeleitet. Es gibt allerdings mehr verschiedene Infinitive und Verbaladjektive als im Deutschen (▶ S. 51), und sie kommen häufiger vor.

Die Formen der Verben

Für die Konjunktivformen wird kein Übersetzungshinweis gegeben, weil Konjunktive nur aus ihrem Kontext heraus übersetzt werden können. Mit dem Dreieck ▶ wird auf die Abschnitte verwiesen, in denen der Konjunktiv erklärt wird. Da ein Sprecher/Autor im Lateinischen sich viel öfter als im Deutschen zwischen Indikativ und Konjunktiv entscheiden muss, werden in den folgenden Tabellen die jeweiligen Formen einander gegenübergestellt aufgeführt.

Viele Konjunktive und Indikative sind äußerlich nicht als solche erkennbar. Es ist also gut, die Grundform des Verbs (den Infinitiv) zu kennen, damit man es bei der Zuordnung leichter hat. Außerdem: Auf Sinn und Kontext achten!

- Das Präsens als „allgemeines Tempus“ hat keinerlei Tempussignale.

- Die Verben der i-Konjugation haben einen Präsensstamm, der auf langes i auslautet; dieses wird jedoch vor Vokal zu einem kurzen i.

- Zu den Verben der konsonantischen Konjugation werden auch Verben mit auslautendem u-Stamm gezählt, z. B. **metuĕre** *(fürchten)*.

- Die Besonderheit der gemischten (kurz-i-)Konjugation besteht darin, dass die Formen teils wie die der i-Konjugation, teils wie die der konsonantischen Konjugation aussehen. Diese Eigentümlichkeit rührt daher, dass der Stamm um ein kurzes i erweitert ist; dieses wird (wie auch sonst im Lateinischen) vor einem r zu e abgeschwächt und entsprechend geschrieben. Da das Stamm-i kurz ist, werden die Formen entsprechend betont.

Die Tempora und Modi des Präsensstamms: Aktiv

Indikativ Präsens • Konjunktiv Präsens mit -e-

A-KONJUGATION			1. P.	2. P.	3. P.
Ind.	*ich rufe*	Sg.	**vocō (!)**	**vocās**	**vocat**
		Pl.	**vocāmus**	**vocātis**	**vocant**
Konj.	Signal -e-	Sg.	**vocem**	**vocēs**	**vocet**
	▶ S. 76; 81	Pl.	**vocēmus**	**vocētis**	**vocent**

Indikativ Präsens • Konjunktiv Präsens mit -a-

E-KONJUGATION			1. P.	2. P.	3. P.
Ind.	*ich mahne*	Sg.	**moneō**	**monēs**	**monet**
		Pl.	**monēmus**	**monētis**	**monent**
Konj.	Signal -a-	Sg.	**moneam**	**moneās**	**moneat**
	▶ S. 76; 81	Pl.	**moneāmus**	**moneātis**	**moneant**

I-KONJUGATION			1. P.	2. P.	3. P.
Ind.	*ich höre*	Sg.	**audiō**	**audīs**	**audit**
		Pl.	**audīmus**	**audītis**	**audiunt**
Konj.	Signal -a-	Sg.	**audiam**	**audiās**	**audiat**
	▶ S. 76; 81	Pl.	**audiāmus**	**audiātis**	**audiant**

KONSONANT. KONJUGATION			1. P.	2. P.	3. P.
Ind.	*ich leite*	Sg.	**regō**	**regis**	**regit**
		Pl.	**regimus**	**regitis**	**regunt**
Konj.	Signal -a-	Sg.	**regam**	**regās**	**regat**
	▶ S. 76; 81	Pl.	**regāmus**	**regātis**	**regant**

GEMISCHTE KONJUGATION			1. P.	2. P.	3. P.
Ind.	*ich fange*	Sg.	**capiō**	**capis**	**capit**
		Pl.	**capimus**	**capitis**	**capiunt**
Konj.	Signal -a-	Sg.	**capiam**	**capiās**	**capiat**
	▶ S. 76; 81	Pl.	**capiāmus**	**capiātis**	**capiant**

Indikativ Imperfekt mit -ba- • Konjunktiv Imperfekt mit -re-

A-KONJUGATION			1. P.	2. P.	3. P.
Ind.	*ich rief, - (habe gerufen)*	Sg.	**vocābam**	**vocābās**	**vocābat**
		Pl.	**vocābāmus**	**vocābātis**	**vocābant**
Konj.	▶ S. 76; 81	Sg.	**vocārem**	**vocārēs**	**vocāret**
		Pl.	**vocārēmus**	**vocārētis**	**vocārent**

E-KONJUGATION			1. P.	2. P.	3. P.
Ind.	*ich mahnte, (habe gemahnt)*	Sg.	**monēbam**	**monēbās**	**monēbat**
		Pl.	**monēbāmus**	**monēbātis**	**monēbant**
Konj.	▶ S. 76; 81	Sg.	**monērem**	**monērēs**	**monēret**
		Pl.	**monērēmus**	**monērētis**	**monērent**

Indikativ Imperfekt mit -ēba- • Konjunktiv Imperfekt mit -re-

I-KONJUGATION			1. P.	2. P.	3. P.
Ind.	*ich hörte, (habe gehört)*	Sg.	**audiēbam**	**audiēbās**	**audiēbat**
		Pl.	**audiēbāmus**	**audiēbātis**	**audiēbant**
Konj.	▶ S. 76; 81	Sg.	**audīrem**	**audīrēs**	**audīret**
		Pl.	**audīrēmus**	**audīrētis**	**audīrent**

Indikativ Imperfekt mit -ēba- • Konjunktiv Imperfekt mit -ere-

KONSONANT. KONJUGATION			1. P.	2. P.	3. P.
Ind.	*ich leitete, (habe geleitet)*	Sg.	**regēbam**	**regēbās**	**regēbat**
		Pl.	**regēbāmus**	**regēbātis**	**regēbant**
Konj.	▶ S. 76; 81	Sg.	**regerem**	**regerēs**	**regeret**
		Pl.	**regerēmus**	**regerētis**	**regerent**

GEMISCHTE KONJUGATION			1. P.	2. P.	3. P.
Ind.	*ich fing, (habe gefangen)*	Sg.	**capiēbam**	**capiēbās**	**capiēbat**
		Pl.	**capiēbāmus**	**capiēbātis**	**capiēbant**
Konj.	▶ S. 76; 81	Sg.	**caperem**	**caperēs**	**caperet**
		Pl.	**caperēmus**	**caperētis**	**caperent**

Futur I mit b–bi–bu

A-KONJUGATION			1. P.	2. P.	3. P.
Ind.	*ich werde rufen/*	Sg.	**vocābō**	**vocābis**	**vocābit**
	rufe	Pl.	**vocābimus**	**vocābitis**	**vocābunt**

E-KONJUGATION			1. P.	2. P.	3. P.
Ind.	*ich werde*	Sg.	**monēbō**	**monēbis**	**monēbit**
	mahnen/mahne	Pl.	**monēbimus**	**monēbitis**	**monēbunt**

Futur I mit a–e

I-KONJUGATION			1. P.	2. P.	3. P.
Ind.	*ich werde*	Sg.	**audiam**	**audiēs**	**audiet**
	hören/höre	Pl.	**audiēmus**	**audiētis**	**audient**

KONSONANT. KONJUGATION			1. P.	2. P.	3. P.
Ind.	*ich werde*	Sg.	**regam**	**regēs**	**reget**
	leiten/leite	Pl.	**regēmus**	**regētis**	**regent**

GEMISCHTE KONJUGATION			1. P.	2. P.	3. P.
Ind.	*ich werde*	Sg.	**capiam**	**capiēs**	**capiet**
	fangen/fange	Pl.	**capiēmus**	**capiētis**	**capient**

Imperativ I und Imperativ II

Bedeutung

Der Imperativ I ist der gewöhnliche Imperativ: *ruf/ruft!, mahne/mahnt!, hör/hört!, leite/leitet!, fang/fangt!*

Der Imperativ II (*du sollst, er soll, ihr sollt, sie sollen rufen* usw.) ist ernster und feierlicher, man findet ihn z. B. in Gesetzen.

A-KONJ.		2. P.	3. P.
Imp. I	Sg.	**vocā**	
	Pl.	**vocāte**	
Imp. II	Sg.	**vocātō**	**vocātō**
	Pl.	**vocātōte**	**vocantō**

E-KONJ.		2. P.	3. P.
Imp. I	Sg.	**monē**	
		monēte	
Imp. I	Sg.	**monētō**	**monētō**
	Pl.	**monētōte**	**monentō**

Grammatik

I-KONJ.		2. P.	3. P.
Imp. I	Sg.	**audī**	
	Pl.	**audīte**	
Imp. II	Sg.	**audītō**	**audītō**
	Pl.	**audītōte**	**audiuntō**

KONSON. KONJ.		2. P.	3. P.
Imp. I	Sg.	**rege**	
	Pl.	**regite**	
Imp. II	Sg.	**regitō**	**regitō**
	Pl.	**regitōte**	**reguntō**

Bei einigen Verben der konsonantischen Konjugation finden sich verkürzte Imperative: **dīcere: dīc!** (*sag!*), **dūcere: dūc!** (*führe!*), **facere: fac!** (*mach!*), **ferre: fer!** (*bring!*).

GEM. KONJ.		2. P.	3. P.
Imp. I	Sg.	**cape**	
	Pl.	**capite**	
Imp. II	Sg.	**capitō**	**capitō**
	Pl.	**capitōte**	**capiuntō**

Die Tempora und Modi des Präsensstamms: Passiv

Nach den folgenden Mustern werden auch die Formen der Deponentien gebildet (▶ S. 49 f.).

Indikativ Präsens • Konjunktiv Präsens mit -e-

A-KONJUGATION			1. P.	2. P.	3. P.
Ind.	*ich werde*	Sg.	**vocor (!)**	**vocāris [-re]**	**vocātur**
	gerufen usw.	Pl.	**vocāmur**	**vocāminī**	**vocantur**
Konj.	Signal -e-	Sg.	**vocer**	**vocēris [-re]**	**vocētur**
	▶ S. 76; 81	Pl.	**vocēmur**	**vocēminī**	**vocentur**

Indikativ Präsens • Konjunktiv Präsens mit -a-

E-KONJUGATION			1. P.	2. P.	3. P.
Ind.	*ich werde*	Sg.	**moneor**	**monēris [-re]**	**monētur**
	gemahnt	Pl.	**monēmur**	**monēminī**	**monentur**
Konj.	Signal -a-	Sg.	**monear**	**moneāris [-re]**	**moneātur**
	▶ S. 76; 81	Pl.	**moneāmur**	**moneāminī**	**moneantur**

I-KONJUGATION			1. P.	2. P.	3. P.
Ind.	*ich werde gehört*	Sg.	**audior**	**audīris [-re]**	**audītur**
		Pl.	**audīmur**	**audīminī**	**audiuntur**
Konj.	Signal -a-	Sg.	**audiar**	**audiāris [-re]**	**audiātur**
	▶ S. 76; 81	Pl.	**audiāmur**	**audiāminī**	**audiantur**

KONSON. KONJUGATION			1. P.	2. P.	3. P.
Ind.	*ich werde regiert*	Sg.	**regor**	**regeris [-re]**	**regitur**
		Pl.	**regimur**	**regiminī**	**reguntur**
Konj.	Signal -a-	Sg.	**regar**	**regāris [-re]**	**regātur**
	▶ S. 76; 81	Pl.	**regāmur**	**regāminī**	**regantur**

GEMISCHTE KONJUGATION			1. P.	2. P.	3. P.
Ind.	*ich werde gefangen*	Sg.	**capior**	**caperis [-re]**	**capitur**
		Pl.	**capimur**	**capiminī**	**capiuntur**
Konj.	Signal -a-	Sg.	**capiar**	**capiāris [-re]**	**capiātur**
	▶ S. 76; 81	Pl.	**capiāmur**	**capiāminī**	**capiantur**

Indikativ Imperfekt mit -ba- • Konjunktiv Imperfekt mit -re-

A-KONJUGATION			1. P.	2. P.	3. P.
Ind.	*ich wurde gerufen/bin gerufen worden*	Sg.	**vocābar**	**vocābāris [-re]**	**vocābātur**
		Pl.	**vocābāmur**	**vocābāminī**	**vocabantur**
Konj.	▶ S. 76; 81	Sg.	**vocārer**	**vocārēris [-re]**	**vocārētur**
		Pl.	**vocārēmur**	**vocārēminī**	**vocārentur**

E-KONJUGATION			1. P.	2. P.	3. P.
Ind.	*ich wurde gemahnt/bin gemahnt worden*	Sg.	**monēbar**	**monēbāris [-re]**	**monēbātur**
		Pl.	**monēbāmur**	**monēbāminī**	**monēbantur**
Konj.	▶ S. 76; 81	Sg.	**monērer**	**monērēris [-re]**	**monērētur**
		Pl.	**monērēmur**	**monērēminī**	**monērentur**

Grammatik

Indikativ Imperfekt mit -ēba- • Konjunktiv Imperfekt mit -re-

I-KONJUGATION			1. P.	2. P.	3. P.
Ind.	*ich wurde gehört/bin gehört worden*	Sg.	**audiēbar**	**audiēbāris [-re]**	**audiēbātur**
		Pl.	**audiēbāmur**	**audiēbāminī**	**audiēbantur**
Konj.	▶ S. 76; 81	Sg.	**audīrer**	**audīrēris [-re]**	**audīrētur**
		Pl.	**audīrēmur**	**audīrēminī**	**audīrentur**

Indikativ Imperfekt mit -ēba- • Konjunktiv Imperfekt mit -ere-

KONSON. KONJUGATION			1. P.	2. P.	3. P.
Ind.	*ich wurde regiert/bin regiert worden*	Sg.	**regēbar**	**regēbāris [-re]**	**regēbātur**
		Pl.	**regēbāmur**	**regēbāminī**	**regēbantur**
Konj.	▶ S. 76; 81	Sg.	**regerer**	**regerēris [-re]**	**regerētur**
		Pl.	**regerēmur**	**regerēminī**	**regerentur**

GEMISCHTE KONJUGATION			1. P.	2. P.	3. P.
Ind.	*ich wurde gefangen/bin gefangen worden*	Sg.	**capiēbar**	**capiēbāris [-re]**	**capiēbātur**
		Pl.	**capiēbāmur**	**capiēbāminī**	**capiēbantur**
Konj.	▶ S. 76; 81	Sg.	**caperer**	**caperēris [-re]**	**caperētur**
		Pl.	**caperēmur**	**caperēminī**	**caperentur**

Futur I mit b–bi–bu

A-KONJUGATION			1. P.	2. P.	3. P.
Ind.	*ich werde gerufen (werden)*	Sg.	**vocābor**	**vocāberis**	**vocābitur**
		Pl.	**vocābimur**	**vocābiminī**	**vocābuntur**

E-KONJUGATION			1. P.	2. P.	3. P.
Ind.	*ich werde gemahnt (werden)*	Sg.	**monēbor**	**monēberis[-re]**	**monēbitur**
		Pl.	**monēbimur**	**monēbiminī**	**monēbuntur**

Futur I mit a–e

I-KONJUGATION			1. P.	2. P.	3. P.
Ind.	*ich werde gehört*	Sg.	**audiar**	**audiēris [-re]**	**audiētur**
	(werden)	Pl.	**audiēmur**	**audiēminī**	**audientur**

KONSON. KONJUGATION			1. P.	2. P.	3. P.
Ind.	*ich werde regiert*	Sg.	**regar**	**regēris [-re]**	**regētur**
	(werden)	Pl.	**regēmur**	**regēminī**	**regentur**

GEMISCHTE KONJUGATION			1. P.	2. P.	3. P.
Ind.	*ich werde gefangen*	Sg.	**capiar**	**capiēris [-re]**	**capiētur**
	(werden)	Pl.	**capiēmur**	**capiēminī**	**capientur**

Die Imperative (Passivformen)

Imperative können im eigentlichen Passiv nicht vorkommen, wohl aber dann, wenn die Passivform z. B. reflexive Bedeutung besitzt, etwa:

movēre *bewegen*	**movē! movēte!** *beweg(t) [etwas]!*
movērī *bewegt werden* (passivisch), *sich bewegen* (reflexiv)	**movēre!** *beweg dich!*

Imperativformen werden v. a. jedoch bei den sog. *Deponentien* benötigt, den Verben mit passivischen Formen und aktivischer/reflexiver Bedeutung. Bei den folgenden Beispielen handelt es sich um solche Deponentien.

			2. P. Sg.	2. P. Pl.
Imp. I	a-Konjug.	**imitārī** *nachahmen*	**imitāre!** *ahme nach!*	**imitāminī!** *ahmt nach!*
	e-Konjug.	**tuērī** *betrachten, beschützen*	**tuēre!** *betrachte!*	**tuēminī!** *betrachtet!*
	i-Konjug.	**largīrī** *(be)schenken*	**largīre!** *schenke!*	**largīminī!** *schenkt!*
	kons. Konjug.	**loquī** *reden, sprechen*	**loquere!** *sprich!*	**loquiminī!** *sprecht!*
	gem. Konjug.	**ingredī** *hineingehen*	**ingredere!** *geh hinein!*	**ingrediminī!** *geht hinein!*

			2. P.	3. P.
Imp. II	Sg.	*du sollst/er soll nachahmen!*	**imitātor!**	**imitātor!**
	Pl.	*sie sollen sprechen!*		**loquuntor**

Das Perfekt Aktiv aller Konjugationen

Die Formenbildung des Perfekts, Plusquamperfekts und Futur II Aktiv ist für alle Perfekttypen in allen Konjugationen einheitlich:

V-PERFEKT		U-PERFEKT		
vocāv-	**audīv-**	**monu-**		
S-PERFEKT	DEHNUNG	DEHNUNG+ABLAUT	REDUPLIKATION	
rēx-	**vīd-**	**cēp-**	**po-posc-**	**vert-**

Die Formen folgen demselben Muster wie unten beim Beispiel **vocāre** (zu Schreibregeln ▶ S. 11, 25). Die Personensignale (Endungen) lauten im Indikativ Aktiv einheitlich:

	1. P.	2. P.	3. P.
Sg.	**-ī**	**-istī**	**-it**
Pl.	**-imus**	**-istis**	**-ērunt [-ēre]**

Die Personensignale bei den Formen des Konjunktiv Perfekt sind die auch sonst bekannten (in der 1. P. Sg. **-m**).

Indikativ Perfekt • Konjunktiv Perfekt mit -eri-

			1. P.	2. P.	3. P.
Ind.	*ich rief/habe gerufen*	Sg.	**vocāvī**	**vocāvistī**	**vocāvit**
		Pl.	**vocāvimus**	**vocāvistis**	**vocāvērunt [-ēre]**
Konj.	▶ S. 76; 81	Sg.	**vocāverim**	**vocāveris**	**vocāverit**
		Pl.	**vocāverimus**	**vocāveritis**	**vocāverint**

Indikativ Plusquamperfekt mit -era- • Konjunktiv Plusquamperfekt mit -isse-

Im Plusquamperfekt finden sich wieder die üblichen Personensignale (in der 1. P. Sg. **-m**):

			1. P.	2. P.	3. P.
Ind.	*ich hatte gemahnt*	Sg.	**vocāveram**	**vocāverās**	**vocāverat**
		Pl.	**vocāverāmus**	**vocāverātis**	**vocāverant**
Konj.	▶ S. 76; 81	Sg.	**vocāvissem**	**vocāvissēs**	**vocāvisset**
		Pl.	**vocāvissēmus**	**vocāvissētis**	**vocāvissent**

Futur II (Perfektfutur) mit -er-/-eri-

			1. P.	2. P.	3. P.
Ind.	▶ S. 75	Sg.	**vocāverō**	**vocāveris**	**vocāverit**
		Pl.	**vocāverimus**	**vocāveritis**	**vocāverint**

! Futur II und Konjunktiv Perfekt haben bis auf die 1. Person Singular (**-m** bzw. **-ō**) die gleichen Formen!

Infinitive ▶ S. 53 f.

Einige Besonderheiten der Perfektformen

Bei den Perfekta des Typs mit **-v-** finden sich bei manchen Autoren auch Formen ohne -v-; es handelt sich dabei um eher volkssprachliche Formen; einige Beispiele in Auswahl:

petīvī	**vocāvistī**	**vocāvērunt**	**audīverant**	**audīvisse** (*Inf.*)
petiī	**vocāstī**	**vocārunt**	**audierant**	**audīsse** (*Inf.*)

In der 3. Person Plural findet sich neben **-ērunt** auch **-ēre**!

Das Perfekt Passiv aller Konjugationen

Im Passiv werden die Formen des Perfekts, Plusquamperfekts und Futur II ähnlich wie im Deutschen durch Zusammensetzung gebildet; dazu dienen in allen Konjugationsgruppen das *Partizip Perfekt Passiv* (PPP) und Formen des Verbs **esse** (*sein*).

Bildung des PPP: ▶ S. 53

Da in der 1. (*ich, wir*) und 2. (*du, ihr*) Person in der Regel kein Neutrum vorkommen kann, werden in der Tabelle solche Formen nicht aufgeführt.

Zum Vorgangs- und Zustandspassiv im Deutschen ▶ S. 95.

Indikativ Perfekt Passiv • Konjunktiv Perfekt Passiv

			1. P.	2. P.	3. P.
Ind.	*ich wurde gerufen/ bin gerufen (worden)*	Sg.	**vocātus, -a sum**	**vocātus, -a es**	**vocātus, -a, -um est**
		Pl.	**vocātī, -ae sumus**	**vocātī, -ae estis**	**vocātī, -ae, -a sunt**
Konj.	▶ S. 76; 81	Sg.	**vocātus, -a sim**	**vocātus, -a sīs**	**vocātus, -a, -um sit**
		Pl.	**vocātī, -ae sīmus**	**vocātī, -ae sītis**	**vocātī, -ae, -a sint**

Indikativ Plusquamperfekt Passiv • Konjunktiv Plusquamperfekt Passiv

			1. P.	2. P.	3. P.
Ind.	*ich war gerufen (worden)*	Sg.	**vocātus, -a eram**	**vocātus, -a erās**	**vocātus, -a, -um erat**
		Pl.	**vocātī, -ae erāmus**	**vocātī, -ae erātis**	**vocātī, -ae, -a erant**
Konj.	▶ S. 76; 81	Sg.	**vocātus, -a essem**	**vocātus, -a essēs**	**vocātus, -a, -um esset**
		Pl.	**vocātī, -ae essēmus**	**vocātī, -ae essētis**	**vocātī, -ae, -a essent**

Futur II (Perfektfutur) Passiv

			1. P.	2. P.	3. P.
Ind.	▶ S. 75	Sg.	**vocātus, -a erō**	**vocātus, -a eris**	**vocātus, -a, -um erit**
		Pl.	**vocātī, -ae erimus**	**vocātī, -ae eritis**	**vocātī, -ae, -a erunt**

Die Deponentien

Deponentien sind Verben, die in allen Konjugationsgruppen vorkommen. Ihre Besonderheit: Sie haben aktivische bzw. reflexive Bedeutung, aber passivische Formen. Auch sie folgen teils den Normaltypen, teils variieren sie den Stamm des Partizip Perfekt Passiv (**-tus/-sus, -a, -um**). Als Stammformen werden jeweils die folgenden aufgeführt:

a-Konjugation: imitārī – imitor – imitātus, -a sum
nachahmen, ich ahme nach, ich (m./f.) ahmte nach (habe nachgeahmt)

e-Konjugation: tuērī – tueor – tuitus, -a sum:
betrachten, ich betrachte, ich (m./f.) betrachtete (habe ...)

i-Konjugation: largīrī – largior – largītus, -a sum:
(be)schenken, ich (be)schenke, ich (m./f.) (be)schenkte (habe ...)

konsonantische Konjugation: loquī – loquor – locūtus, -a sum:
sprechen, ich spreche, ich (m./f.) sprach (habe ...)

gemischte Konjugation: ingredī – ingredior – ingressus, -a sum:
hineingehen, ich gehe hinein, ich (m./f.) ging hinein (bin ...)

- Vollständige Formentabellen finden sich bei den einzelnen Konjugationsgruppen jeweils unter der Rubrik Passiv.

- Beispiel für ein Perfekt in der 3. Person Neutrum: **plaustrum secūtum est** (*der Karren folgte*).

Bei Deponentien hat das Partizip Perfekt meist aktivische Bedeutung (**ūsus operī** *nach Gebrauch schließen;* **ūtī** *gebrauchen,* **ūsus, -a, -um** *„gebraucht habend";* **operīre** *zumachen*). Manchmal ist das gemeinte Zeitverhältnis gleichzeitig (**ratus, -a** *meinend, in der Meinung,* von **rērī, reor, ratus, -a sum**).

Deponentien können je nach ihrer Bedeutung ein Akkusativobjekt bei sich haben (die passivische Form des Verbs kann in diesen Fällen verwirrend wirken!): **tueor caelum** *ich betrachte den Himmel,* **quīdam natūram ducem sequuntur** *manche folgen der Natur als Führerin.*

Manche Deponentien haben ein Objekt im Genitiv, Dativ oder Ablativ:

Rōmānī {Tarentī urbis Graecae} potītī sunt.	*Die Römer bemächtigten sich {Tarents, der griechischen Stadt}.*
Uterque Gracchus {tribūniciā potestāte} est fūnctus.	*Beide Gracchen bekleideten {das Amt des Volkstribunen}.*

Die Deponentien als Verben mit aktivischer Bedeutung besitzen in *einem* Fall aktivische Formen, dem Partizip Präsens Aktiv:
imitāns, (Gen.) **-ntis** *nachahmend*
tuēns, (Gen.) **-ntis** *betrachtend*
largiēns, (Gen.) **-ntis** *schenkend*
loquēns, (Gen.) **-ntis** *sprechend*
ingrediēns, (Gen.) -ntis *hineingehend*

- Das Gerundivum der Deponentien hat (wie das der aktivischen Verben) passivische Bedeutung (▶ S. 55 ff., 138 ff.).
- Mit dem Gerundium wird auch der Infinitiv der Deponentien dekliniert (▶ S. 56).

Semideponentien

Einige wenige sog. Semideponentien („Halbdeponentien") haben teils aktivische, teils passivische Formen, z. B.:

- Präsens und abgeleitete Tempora aktivisch, Perfekt passivisch:
  audēre, audeō, ausus, -a sum *wagen*
  solēre, soleō, solitus, -a sum *pflegen, gewohnt sein*
  gaudēre, gaudeō, gavīsus, -a sum *sich freuen*
  fīdere, fīdō, fīsus, -a sum *trauen*

- Dagegen Präsens und abgeleitete Tempora passivisch, Perfekt aktivisch:
  revertī, revertor, revertī *zurückkehren;* **dēvertī** *einkehren*

Aus Verb wird Nomen: Partizipien und Infinitive

Im Lateinischen wie im Deutschen herrscht eine intensiv genutzte Durchlässigkeit zwischen den einzelnen Wortarten. Dazu dienen verschiedene Mittel: Oft werden einfach mit den Infinitivendungen aus Substantiven Verben gemacht, z. B. **pūgna** *Kampf*, **pūgnāre** *kämpfen*. Oder man macht aus Verben Substantive: **agere** *tun, handeln*, **āctiō** *Tat*; **vincere** *besiegen*, **victōria**

Sieg. Welche denkbare Form dann in der Sprache wirklich existiert (z. B. gibt es im Deutschen *siegen - Sieg*, aber nicht *wirken - „Wirk"*, sondern *Wirkung), das regelt der Sprachgebrauch.*

In einer Form aber existieren *alle* Verben auch als Substantiv, nämlich als Infinitiv, und über ein einziges Verfahren lässt sich aus jedem Verb ein Nomen ableiten, nämlich in Gestalt des Partizips; das Partizip, ein sog. Verbaladjektiv, kann seinerseits im selbstständigen Gebrauch wieder eine Rolle als Substantiv übernehmen, etwa:

vulnerāre	**vulnerātus (-a, -um)**	**vulnerātī**
verletzen	*verletzt*	*die Verletzten*
amāre	**amāns**	**amantēs**
lieben	*liebend*	*die Liebenden*

Partizipien

Im Text spielen Partizipien im einfachsten Fall die Rolle von Adjektiven:

mulier amāns	*eine **liebende** Frau*
videō virum territum	*ich sehe einen **erschrockenen** Mann*

Häufiger hat das Partizip aber andere Funktionen (▶ S. 132 ff.):

- Mit einem Substantiv oder Pronomen verbunden steht es häufig dort, wo sich im Deutschen in der Regel ein abhängiger Satz findet (Participium coniunctum, „verbundenes Partizip").

- Ist es dabei mit einem Ablativ verbunden, haben der Ablativ und das Partizip in der Regel den Wert eines eigenen Satzes (Ablativus absolutus).

Das Lateinische weist zwei Partizipien im Aktiv, das Partizip Präsens Aktiv und das Partizip Futur Aktiv, sowie eines im Passiv, das Partizip Perfekt Passiv, auf.

Grammatik

Das Partizip Präsens Aktiv

Das *Partizip Präsens Aktiv (PPA)* hat das Signal **-nt-** und folgt der 3. Deklination:

	SINGULAR m./f.	n.	PLURAL m./f.	n.
Nom.	**vocāns**		**vocantēs**	**vocantia**
Gen.	**vocantis**		**vocantium**	
Dat.	**vocantī**		**vocantibus**	
Akk.	**vocantem**		**vocantēs**	**vocantia**
Abl.	**vocante**		**vocantibus**	

Beachte: Das PPA hat im Ablativ Singular jedoch die Endung **-ī**, wenn es die Rolle eines Adjektivs übernimmt: **ab excellentī oratore** *von einem hervorragenden Redner,* aber **excellente oratore** *während der Redner sich auszeichnet.*

Das Partizip Futur Aktiv

Das *Partizip Futur Aktiv (PFA)* ist vom PPP-Stamm abgeleitet (▶ S. 33) und folgt der a-/o-Deklination; sein Signal ist **-urus, -a, -um**:

PPP-STAMM	PFA
vocat-	**vocātūrus, -a, -um**
dēfēns-	**dēfēnsūrus, -a, -um**

e-Konjugation	**monēns**, (Gen.) **-ntis**	Gleichzeitigkeit
	monitūrus, -a, -um	Nachzeitigkeit
i-Konjugation	**audiēns**, (Gen.) **-ntis**	Gleichzeitigkeit
	audītūrus, -a, -um	Nachzeitigkeit
kons. Konjugation	**regēns**, (Gen.) **-ntis**	Gleichzeitigkeit
	rēctūrus, -a, -um	Nachzeitigkeit
gem. Konjugation	**capiēns**, (Gen.) **-ntis**	Gleichzeitigkeit
	captūrus, -a, -um	Nachzeitigkeit

- Das Partizip Präsens Aktiv entspricht dem deutschen Partizip I (*rufend, mahnend, hörend* usw.). Gebrauch: ▶ S. 132 ff.

- Das Partizip Futur Aktiv bezeichnet direkt bevorstehende Handlungen (*im Begriff zu rufen...*) oder eine Absicht oder einen Zweck (*um zu mahnen,* ▶ S. 134).

Das Partizip Perfekt Passiv

Das *Partizip Perfekt Passiv (PPP)* folgt der a-/o-Deklination und hat in der Regel das Signal:

-TUS, -A, -UM
vocāre > vocātus, -a, -um
monēre > monitus, -a, -um
audīre > audītus, -a, -um

In der konsonantischen Konjugation bilden einige Verben das PPP auf:

-SUS, -A, -UM
dēfendere > dēfēnsus, -a, -um
pellere > pulsus, -a, -um
figere > fixus, -a, -um (▶ S. 11)

Dem PPP entspricht im Deutschen das Partizip II: *gerufen, geschickt*; in selbstständigem Gebrauch wird es Substantiv: *der/die Gerufene, der/die Ausgesandte* usw. Im Lateinischen spielt es eine wichtige Rolle bei der Bildung des Passivs von Perfekt, Plusquamperfekt und Futur II (▶ S. 47).

Die Infinitive

Das Lateinische verfügt über ein breites Spektrum an Infinitivformen. Diese weisen entsprechend den verschiedenen Konjugationstypen Varianten in der Form auf. Die Signale der einzelnen Infinitive lauten:

INFINITIV PRÄSENS AKTIV	INFINITIV PRÄSENS PASSIV
-re (auch: **-se esse, -le velle**)	**-rī** (a-/e-/i-Konj.) **-ī** (gem./konson. Konj.)
INFINITIV PERFEKT AKTIV	INFINITIV PERFEKT PASSIV
-isse	**PPP + esse**
INFINITIV FUTUR AKTIV	INFINITIV FUTUR PASSIV
PFA + esse	**Supin I + īrī**

Grammatik

		A-KONJ.	E-KONJ.	I-KONJ.	KONSON. KONJ.	GEM. KONJ.
Aktiv	Präsens	**vocāre**	**monēre**	**audīre**	**regere**	**capere**
	Perfekt	**vocāvisse**	**monuisse**	**audīvisse**	**rēxisse**	**cēpisse**
	Futur	**vocātūrum esse**	**monitūrum esse**	**audītūrum esse**	**rēctūrum esse**	**captūrum esse**
Passiv	Präsens	**vocārī**	**monērī**	**audīrī**	**regī**	**capī**
	Perfekt	**vocātum esse**	**monitum esse**	**audītum esse**	**rēctum esse**	**captum esse**
	Futur	**vocātum īrī**	**monitum īrī**	**audītum īrī**	**rēctum īrī**	**captum īrī**

Bei den mit **esse** gebildeten Infinitiven wird normalerweise immer nur der Akkusativ Neutrum Singular aufgeführt; in Texten können aber alle Formen des Akkusativs vorkommen (**-um, -am, -ōs, -ās, -a esse)**, in manchen Fällen auch der Nominativ.
Der Infinitiv Futur Passiv besteht aus dem unveränderlichen Supin I und dem Infinitiv Präsens Passiv **īrī** *gegangen werden*. Er findet sich nur im AcI (▶ S. 142 f.):

Fulvia dīcit litterās crās missum īrī.	Fulvia sagt, dass der Brief morgen geschickt (werden) wird.

Entsprechungen im Deutschen

Die lateinischen Infinitive finden folgende Entsprechungen im Deutschen:

- Infinitiv Präsens
  - *Aktiv:* rufen, fangen *usw.*
  - *Passiv:* gehört werden, gefangen werden *usw.*

- Infinitiv Perfekt
  - *Aktiv:* gerufen haben, gefangen haben *usw.*
  - *Passiv:* gefangen worden sein *usw.*

- Infinitiv Futur
  - *Aktiv:* rufen werden, fangen werden *usw.*
  - *Passiv:* (in Zukunft) gerufen werden *usw.*

Funktionen des Infinitivs

Infinitive gibt es wie im Deutschen als Subjekt oder als Ergänzung zu Verben:

Errāre humānum est.	***Irren*** *ist menschlich.*
possum respondēre	*ich kann* ***antworten***

- Der *Infinitiv Präsens* ist die Grundform des Verbs (z. B. **vocāre** *rufen*) und bezieht sich auf gleichzeitig Geschehendes.

- Der *Infinitiv Perfekt* findet sich dann, wenn auf Vergangenes verwiesen wird (**audīvisse** *gehört haben*, **captum esse** *gefangen worden sein* oder *gefangen sein* usw.).

- Der *Infinitiv Futur* steht dann, wenn auf Erwartetes (**rēctūrum esse** *[in Zukunft] lenken*) Bezug genommen wird.

- Besonders wichtig sind Infinitive in ihrer Rolle als *Prädikat im AcI (Akkusativ mit Infinitiv)* nach entsprechenden AcI-Auslöser-Verben:

  Spērō vōs crās ventūrōs [esse]. *Ich hoffe, dass ihr morgen kommt.*
  Iūlia putat Gāium sē vocāvisse. *Julia meint, dass Gaius sie gerufen hat.*

  Im Deutschen steht in diesen Fällen zumeist ein dass-Satz (▶ S. 142 f.).

nd-Formen: Gerundiv und Gerundium

Ausdruck der Notwendigkeit: das Gerundivum

Das Gerundivum hat das Signal -nd- und folgt der a-/o-Deklination:

	SINGULAR	PLURAL
Nom.	**vocandus, -a, -um**	**vocandī, -ae, -a**
Gen.	**vocandī, -ae, -ī**	**vocandōrum, -ārum, -ōrum**
Dat.	**vocandō, -ae, -ō**	**vocandīs**
Akk.	**vocandum, -am, -um**	**vocandōs, -ās, -a**
Abl.	**vocandō, -ā, -ō**	**vocandīs**

e-Konjugation	**monendus, -a, -um**
i-Konjugation	**audiendus, -a, -um** (auch: **audiundus**)
kons. Konjugation	**regendus, -a, -um**
gem. Konjugation	**capiendus, -a, -um** (auch: **capiundus**)

Typisch lateinisch: Das Gerundiv zählt wie das Partizip zur Gruppe der Verbaladjektive und hat passivische Bedeutung. Mit dem Gerundiv wird ausgedrückt, dass **etwas getan werden muss** bzw. in verneinter Form **nicht getan werden darf**.

Im Deutschen lässt sich ein Gerundivum hilfsweise so wiedergeben: *ein zu rufender …, eine zu ermahnende …, ein zu hörendes …* (vgl. *Azubi – Auszubildender*). Wie das Gerundivum jedoch jeweils richtig zu verstehen ist, ergibt sich aus dem grammatikalischen und bedeutungsmäßigen Kontext (▶ S. 138 ff.).

Der Infinitiv dekliniert: das Gerundium

Das Gerundium hat wie das Gerundivum das Signal **-nd-**, es kommt nur im Singular vor:

Nominativ	**vocāre**	*(zu) rufen, das Rufen*
Genitiv	**vocandī**	*des Rufens*
Dativ [selten]	**vocandō**	*dem Rufen*
Akkusativ	**vocāre**	*rufen*
	ad vocandum	*zum Rufen*
Ablativ	**(in) vocandō**	*durch/beim Rufen*

Entsprechend die Formen der anderen Konjugationen:

monēre, monendī,…, ad monendum, (in) monendō
audīre, audiendī,…, ad audiendum, (in) audiendō
regere, regendī,…, ad regendum, (in) regendō
capere, capiendī,…, ad capiendum, (in) capiendō

Wird ein Infinitiv substantiviert, kann seine Grundform als Subjekt oder Akkusativobjekt eingesetzt werden. Für alle anderen Kasus werden die Formen des Gerundiums verwendet.

Impūdentia huic māgnam ad sē dēfendendum facultātem dābit.	*Seine Unverschämtheit wird ihm Gelegenheit zum großen Auftritt geben,* ***um sich zu verteidigen.***
facultās dormiendī	*die Möglichkeit* ***zu schlafen/zum Schlaf/Schlaf****möglichkeit*

Das Gerundium kann als **Verbal**substantiv zusammen mit Adverbien und Objekten verwendet werden:

ars {beate vivendī}	*die Kunst, glücklich zu leben*
ars {imāginēs pingendī}	*die Kunst, Bilder zu malen*

Supina

Das Signal des Supinum I ist **-tum**, des Supinum II **-tū**:

Supin I	**vocātum**	**monitum**	**audītum**	**rēctum**	**captum**
Supin II	**vocātū**	**monitū**	**audītū**	**rēctū**	**captū**

Bei den Supina handelt es sich um selten verwendete, erstarrte Kasus von u-Stämmen, also um Nominalformen. Die Endungen sind jeweils unveränderlich und richten sich nach **keinem** anderen Wort im Satz!

Das Supinum I wird nur nach Verben der Bewegung verwendet und hat aktive Bedeutung. Es gibt ein Ziel oder einen Zweck (final) an, was im Deutschen mit *(um) zu* + Infinitiv oder *zu* + Substantiv wiedergegeben werden kann:

salutātum venīre	*kommen,* ***um zu begrüßen*** ***zur Begrüßung*** *kommen*
frumentatum mittere	*schicken,* ***um Getreide zu holen***

Das Supinum II kommt nur nach bestimmten Adjektiven und in festen Wendungen vor, z. B. **facilis** *leicht,* **difficilis** *schwer,* incrēdibilis *unglaublich,* **fās/nefās est** *es ist Recht/Unrecht*:

dulce audītū	*angenehm* ***zu hören***
facile intellēctū	*leicht* ***zu verstehen***
difficile dictū	*schwer* ***zu sagen***

Grammatik

Einige besonders wichtige Verben

esse *sein*

Das unscheinbare Wörtchen *sein* zeigt in vielen Sprachen eine große Vielfalt an Einzelformen: kein Wunder, gehört es doch zu den meistgebrauchten, elementaren Wörtern. Im Lateinischen werden die Formen von **esse** aus zwei Stämmen in verschiedenen Varianten gebildet:

Präsensstamm: **s-**, **es-/er-** (vgl. Fro**s**t – frie**r**en)
Perfektstamm: **fu-**, bei einzelnen Formen: **fo-**

Im Lateinischen dienen die Formen von **esse** verschiedenen Zwecken:

- Vollverb (Existenzsatz):
  Mundus est. *Die Welt* ***existiert.***
- Hilfsverb mit Prädikatsergänzung (hier: **māgna**):
  Māgna est Diāna Ephesiōrum. ***Groß ist*** *die [Göttin] Diana der Ephesier.*
- Hilfsverb bei der Bildung des Passivs von Perfekt, Plusquamperfekt und Futur II:
  Iūlia vocāta est. *Julia* ***wurde gerufen/ist gerufen worden.***

Der Nominalsatz

Eine Eigentümlichkeit (nicht nur) des Lateinischen liegt darin, dass man sich die Setzung des Hilfsverbs oft erspart (sog. Nominalsatz):

Ubī bene, ibī patria.	*Wo es gut ist (mir gut geht), dort ist mein Vaterland.*
Omnia praeclāra rāra.	*Alles Großartige ist selten* (lat. Plural: **sunt**).

Indikativ Präsens • Konjunktiv Präsens mit -i-

			1. P.	2. P.	3. P.
Ind.	*ich bin*	Sg.	**sum**	**es**	**est**
		Pl.	**sumus**	**estis**	**sunt**
Konj.	▶ S. 76; 81	Sg.	**sim**	**sis**	**sit**
		Pl.	**simus**	**sitis**	**sint**

Indikativ Imperfekt • Konjunktiv Imperfekt mit -se/re-

			1. P.	2. P.	3. P.
Ind.	*ich war/bin gewesen*	Sg.	**eram**	**erās**	**erat**
		Pl.	**erāmus**	**erātis**	**erant**
	▶ S. 76; 81	Sg.	**essem**	**essēs**	**esset**
		Pl.	**essēmus**	**essētis**	**essent**

Manche Autoren benutzen statt **essem** usw. die selteneren Formen **forem**, **forēs**, **foret usw.**

Futur I und Imperativ

			1. P.	2. P.	3. P.
Futur I	*ich werde sein/ bin*	Sg.	**erō**	**eris**	**erit**
		Pl.	**erimus**	**eritis**	**erunt**
Imp. I	*sei, seid!*	Sg.		**es!**	
		Pl.		**este!**	
Imp. II	*du sollst sein! er soll sein! usw.*	Sg.		**estō!**	**estō!**
		Pl.		**estōte!**	**suntō!**

Indikativ Perfekt • Konjunktiv Perfekt mit -eri-

Zu den Personensignalen ▶ S. 36 f.

			1. P.	2. P.	3. P.
Ind.	*ich war/bin gewesen*	Sg.	**fuī**	**fuistī**	**fuit**
		Pl.	**fuimus**	**fuistis**	**fuērunt [-ēre]**
Konj.	▶ S. 76; 81	Sg.	**fuerim**	**fueris**	**fuerit**
		Pl.	**fuerimus**	**fueritis**	**fuerint**

Indikativ Plusquamperfekt mit -era-• Konjunktiv Plusquamperfekt mit -isse-

			1. P.	2. P.	3. P.
Ind.	*ich war gewesen*	Sg.	**fueram**	**fuerās**	**fuerat**
		Pl.	**fuerāmus**	**fuerātis**	**fuerant**
Konj.	▶ S. 76; 81	Sg.	**fuissem**	**fuissēs**	**fuisset**
		Pl.	**fuissēmus**	**fuissētis**	**fuissent**

Grammatik

Futur II mit -er/eri-

			1. P.	2. P.	3. P.
Ind.	▶ S. 75	Sg.	**fuerō**	**fueris**	**fuerit**
		Pl.	**fuerimus**	**fueritis**	**fuerint**

! Futur II und Konjunktiv Perfekt haben bis auf die 1. Person Singular (**-m** bzw. **-ō**) die gleichen Formen!

Infinitive

Präsens	**esse**	*sein*
Perfekt	**fuisse**	*gewesen sein*
Futur	**futūrum, -am, -um (-ōs, -ās, -a) esse**	*sein, in Zukunft sein*
häufig:	**fore**	

posse *können*

Das Verbum **posse** (*imstande sein, können*) ist eine Ableitung (Kompositum) von **esse < pote esse**. Die Formen haben einen Stamm **pos-** vor **-s-** und einen Stamm **pot-** vor **-e-**:

- **Präsens:** Ind. **possum, potes, potest, possumus, potestis, possunt**, Konj. **possim, ... possint**
- **Imperfekt:** Ind. **poteram, ...**, Konj. **possem, ...** ▶ S. 76; 81
- **Futur I:** poterō, poteris, ...

Vom Perfektstamm **potu-** werden gebildet:

- **Perfekt:** Ind. **potuī, potuistī**, ..., Konj. **potuerim, ...**
- **Plusquamperfekt:** Ind. **potueram, ...**, Konj. **potuissem, ...**
- **Futur II: potuerō, ...**
- **Infinitiv Perfekt**: potuisse

prōdesse *nützen, helfen*

Bei diesem Kompositum von esse (*„für jd. dasein“, nützen, helfen*) erscheint die Vorsilbe vor **-e-** in der Form **prōd-**, sonst **prō-**:

- **Präsens:** Ind. **prōsum, prōdes, prōdest, prōsumus, prōdestis, prōsunt**, Konj. **prōsim, ... prōsint**
- **Imperfekt:** Ind. **prōderam, ...**, Konj. **prōdessem, ...**
- **Futur I: prōderō, ...**

Vom **Perfektstamm** werden die Tempora regelmäßig gebildet: **prōfuī, prōfuerim, prōfueram, prōfuissem, prōfuerō.**

Weitere Komposita von esse (Auswahl)

abesse, absum, āfuī	*abwesend sein*
adesse, assum (adsum), adfuī (affuī)	*anwesend sein, helfen*
deesse, dēsum, dēfuī	*fehlen*
interesse, intersum, interfuī	*dabei sein, teilnehmen*
obesse, obsum, obfuī	*entgegenstehen*
praeesse, praesum, praefuī	*an der Spitze stehen*
superesse, supersum, superfuī	*übrig sein, überleben*

fierī *werden, entstehen, geschehen*

In dem Infinitiv **fierī** stecken eigentlich *zwei* Infinitivendungen: Das ältere Latein hatte auch eine Infinitiv-Passiv-Endung **-ier** (z. B. **regier** statt **regī**), die manchmal auch in der Dichtung begegnet; wohl aus Klanggründen wurde bei **fierī** die konkurrierende Endung **-ī** mit angefügt.

Das Verb mit dem ungewöhnlichen (passivischen) Infinitiv wird aktivisch wie **audīre** konjugiert (das **-ī-** bleibt jedoch vor Vokal außer beim Konjunktiv Imperfekt lang):

- **Präsens:** Ind. **fīō, fīs, fit, fīmus, fītis, fīunt**, Konj. **fīam, fīās, fīat, fīāmus, fīātis, fīant**
- **Imperfekt:** Ind. **fīēbam, fīēbās, ...**, Konj. **fierem, fierēs, ...**
- **Futur: fīam, fīēs, ...**
- **Imperativ: fī, fīte!**

Ossa lapis fīunt.	*Knochen **werden** zu Stein.*
Tumultus fit.	*Aufruhr **bricht aus**.*
Fierī nōn potest, ut fallar.	***Es ist unmöglich**, dass ich mich täusche.*

Für Perfekt, Plusquamperfekt und Futur II treten die passivischen Formen von **facere** (*machen*) ein; umgekehrt dienen die Formen von **fierī** als Passiv zu **facere**, also in der Bedeutung *gemacht werden*:

factus, -a, -um sum, sim, eram, essem, erō	ich wurde gemacht usw.
Pōns fit.	*Eine Brücke **wird gebaut**.*

Grammatik

īre *gehen*

Eine Besonderheit dieses Verbs: Der Verbstamm **ī-** wird (ähnlich beim Pronomen **is, ea, id**) vor den Vokalen **-a-** und **-u-** zu **e-** abgeschwächt. Bis auf das Futur werden die Formen nach dem Normaltyp **audīre** gebildet, das Futur nach dem **b-bi-bu**-Typ:

- **Präsens:** Ind. **eō, īs, it, īmus, ītis, eunt,** Konj. **eam, eās, eat, eāmus, eātis, eant**
- **Imperfekt:** Ind. **ībam, ībās, ...,** Konj. **īrem, īrēs, ...**
- **Futur I: ībō, ībis, ...**
- **Imperativ: ī, īte! ītō, ītōte! euntō!**
- **Partizip Präsens Aktiv: iēns,** (Gen.) **euntis**; (Pl.) **euntēs**

Vom Perfektstamm **i-** werden gebildet:
- Perfekt: Ind. **iī, īstī, iit, iimus, īstis, iērunt,** Konj. **ierim, ieris, ...**
- Plusquamperfekt: Ind. **ieram, ierās, ...,** Konj. **īssem, īssēs, ...**
- Futur II: **ierō, ieris, ...**
- Infinitiv Perfekt Aktiv: **īsse**

Im Passiv kommt die 3. Person Singular Neutrum vor: **ītur** *man geht*, **eātur** *man möge gehen*, **ībātur** *man ging*, **īrētur** *man würde gehen*, **itum est** *man ist gegangen*, **eundum est** *man muss gehen.*

Komposita von īre

abīre	*weggehen*	**interīre**	*untergehen*
exīre	*hinausgehen*	**redīre**	*zurückgehen*
perīre	*zugrunde gehen*	**vēnīre**	*verkauft werden* (**vēndere** *verkaufen*)
adīre	*heran-, angehen*	**praeterīre**	*vorbeigehen*
inīre	*hineingehen*	**circumīre**	*herumgehen*
subīre	*unternehmen*	**trānsīre**	*überschreiten*
obīre mortem	*sterben (entgegengehen)*		

Manche Komposita haben entsprechend ihrer Bedeutung ein vollständiges persönliches Passiv, z.B.: **adeor...** *ich werde besucht*

- **nequīre, nequeō, nequīvī (nequiī), nequitum** *nicht können* (von nequ-it < **neque it** *es geht nicht*)
  davon auch: **quīre** *können* (**queō, quīvī** usw.)

ferre *tragen, bringen*

ferre wird wie ein gewöhnliches Verb der konsonantischen Konjugation flektiert, es hat jedoch Besonderheiten:

— vor **r**, **s** und **t** gibt es keinen Bildevokal;
— der Perfektstamm Aktiv ist **tul-**, der des PPP **lāt-**.

Die Stammformen lauten also: **ferre, ferō, tulī, lātum.**

- **Indikativ Präsens**
  Aktiv **ferō, fers, fert, ferimus, fertis, ferunt**
  Passiv **feror, ferris, fertur, ferimur, feriminī, feruntur**

- **Konjunktiv Präsens**
  Aktiv feram, ferās, ...
  Passiv ferar, ferāris, ...

- **Indikativ Imperfekt**
  Aktiv ferēbam, ferēbās, ...
  Passiv ferēbar, ferēbāris, ...

- **Konjunktiv Imperfekt**
  Aktiv **ferrem, ferrēs, ...**
  Passiv **ferrer, ferrēris, ...**

- **Futur I**
  Aktiv feram, ferēs, ...
  Passiv ferar, ferēris, ...

- **Infinitive**
  Aktiv **ferre**
  Passiv **ferrī**

- **Imperative** **fer, ferte! fertō, feruntō!**

Beachte: **mē ferō** oder **feror** *ich eile, beeile mich*
ferunt *sie (die Leute) sagen, man sagt („hinterbringen“)*

velle *wollen*

Stößt bei den Formen von **vel-le** ein „eigentlich vorgesehenes" **s** mit dem vorhergehenden **-l-** zusammen, wird aus beidem ein Doppel-l. Neben Besonderheiten im Präsens Indikativ und dem Konjunktiv Imperfekt tritt der Verbstamm in den Varianten **vel-** und **vol-** (**vul-**) auf:

	PRÄSENS		IMPERFEKT		FUTUR I
	IND.	KONJ.	IND.	KONJ.	A – Ē
1. P. Sg.	**volō**	**velim**	**volēbam**	**vellem**	**volam**
2.	**vīs**	**velīs**	**volēbās**	**vellēs**	**volēs**
3.	**vult**	**velit**	**volēbat**	**vellet**	**volet**
1. P. Pl.	**volumus**	**velīmus**	**volēbāmus**	**vellēmus**	**volēmus**
2.	**vultis**	**velītis**	**volēbātis**	**vellētis**	**volētis**
3.	**volunt**	**velint**	**volēbant**	**vellent**	**volent**

Partizip: volēns, (Gen.) **-ntis**; Redewendung: **nōlēns volēns** *ob man will oder nicht*

Vom **Perfektstamm volu-** werden gebildet:
voluī, voluerim, volueram, voluissem, voluerō usw.

Die von **velle** abgeleiteten Verben **nōlle** (*nicht wollen*) und **mālle** (*lieber wollen, etw. vorziehen*) zeigen nur im Indikativ Präsens und beim Imperativ folgende Besonderheiten:

	NŌLLE	MĀLLE
1. P. Sg.	**nōlō**	**mālō**
2.	**nōn vīs**	**māvīs**
3.	**nōn vult**	**māvult**
1. P. Pl.	**nōlumus**	**mālumus**
2.	**nōn vultis**	**māvultis**
3.	**nōlunt**	**mālunt**

Imperative: nōlī, nōlīte! nōlītō, nōlītōte! *wolle nicht!* usw.

Dieser Imperativ ist wichtig, weil er zur Verneinung des Imperativs anderer Verben dient:

Nōlī(te) mē tangere! *Fass(t) mich nicht an!*

Die übrigen Formen entsprechen ganz denen von **velle**. Zu beachten: Der Konjunktiv Präsens mit dem Signal **-i-** (wie bei **sim, sīs...**) und der Konjunktiv Imperfekt mit **-ll-** (wie bei **vellem...**); das Futur wird auch hier nach dem **a–e-**Typ gebildet:

	NŌLLE	MĀLLE
Konj. Präs.	**nōlim, nōlīs, ...**	**mālim, mālīs, ...**
Ind. Imperf.	**nōlēbam, ...**	**mālēbam, ...**
Konj. Imperf.	**nōllem, nōllēs, ...**	**māllem, māllēs, ...**
Futur	**nōlam, nōlēs, ...**	**mālam, mālēs ...**
Perfekt	**nōluī, noluistī, ...**	**māluī, māluistī, ...**

Unpersönliche Verben

- Wie im Deutschen trifft man auf Verben, die nur in der 3. Person vorkommen, z. B.:

pluit	*es regnet*
cōnstat (+ AcI)	*es steht fest (, dass...)*
pudet	*es erfüllt mit Scham*
paenitet	*es reut*
licet	*es ist erlaubt*

- Bei verschiedenen unpersönlichen Verben steht die betroffene Person im Akkusativ, die auslösende Sache im Genitiv (oder Infinitiv):

mē paenitet {**illīus sermōnis**} (Gen.)	*mich* ***ärgert/reut*** *{dieses Gerede}*
nōs taedet vītae	*wir* ***sind*** *des Lebens* ***überdrüssig***

- Mit der betroffenen Person im Dativ:

Tibī id facere nōn licet.	*Du darfst das nicht tun.*

▶ Passiv als unpersönlicher Ausdruck S. 95.

Einzelne Besonderheiten

- Einige wichtige Verben existieren nur in Formen des Perfektstamms:

coepisse *begonnen haben* (dazu als Präsens: **incipere** *anfangen*)

meminisse *sich erinnern* (dt. Präsens)
Plpf.: **memineram** *ich erinnerte mich, es kam mir in Erinnerung*
Imperativ: **mementō, mementōte!** *denk(t) daran!*

ōdisse *hassen* (dt. Präsens!)
(PFA **ōsūrus, -a, -um**)

- In vergleichbarer Weise hat das Perfekt zu **nōscere** *kennenlernen, erfahren* häufig präsentische Bedeutung:
  nōvisse *kennen, wissen*

- Von folgenden Verben sind nur einzelne Formen gebräuchlich:
  āiō, āis, āit (Präsens + Perfekt), **āiunt** *sagen, behaupten*
  inquit, inquam *sagt(e) er/sie, sag(t)e ich*

4 Die Schaltzentrale des Sprechers: Das Verb

Die Verben sind es, die es uns erlauben, Beziehungen zwischen den Dingen und Sachverhalten der Außenwelt zu erfassen, sie zu beschreiben – ja nicht zuletzt: sie auch überhaupt erst herzustellen. So können wir Faktisches beschreiben – *der Fluss überflutete die Auenwälder* – oder Nichtexistentes fingieren, etwa *gestern begrüßten die grünen Marsmännchen vor dem Brandenburger Tor die Bundeskanzlerin*. Das Verb ist damit sozusagen der Fokus einer Äußerung und damit der Kern einer Information.

Aber das Verb trägt nicht nur eine Bedeutung in sich. An ihm haften – im Lateinischen besonders stark ausgeprägt – obligatorische Informationen über eine Reihe elementarer Aspekte des beschriebenen Geschehens; während er sich äußert, wählt der Sprecher diese Elemente daher immer mit aus:

- Wird ein Zustand, ein Vorgang, eine Aktion beschrieben? Darüber gibt im Wesentlichen die *Bedeutung* des gewählten Verbs Auskunft.

- Wer ist der Träger, der Urheber, der Gegenstand der Verbhandlung? Diese Information trägt das *Personensignal* des Verbs, die Personalendung. Durch dieses Signal ist das Verb eng mit dem Subjekt verknüpft. Das Subjekt wählt der Sprecher/Autor gleichzeitig mit dem Verb, daher spielt es eine besondere Rolle im Satz.

- Orientierung des Hörers/Lesers über den zeitlichen Ablauf: Das Verb mit seinen *Tempora* (Zeiten) ermöglicht es dem Sprecher/Autor, den Blick des Hörers zeitlich zu lenken und gibt die Signale „aktuell“ oder „Erzählung“.

- Einstellung des Sprechers/Autors zum Wirklichkeitsgehalt des Beschriebenen: Dafür gibt der *Modus* des Verbs Anhaltspunkte.

- Aus wessen Perspektive stellt der Sprecher/Autor das Beschriebene dar? Das Verb gibt ihm mit den *Diathesen* (Aktiv, Passiv u. a.) hierzu ein Mittel an die Hand.

● In der Regel sind es aber nicht die Merkmale des Verbs allein, die diese Informationen tragen: Weitere sprachliche Mittel wie z. B. Adverbien oder andere Angaben helfen in einem intensiven Zusammenspiel, die genauere Bedeutung der Verbaussage mit zu definieren. Davon ist v. a. im Kapitel *Das Verb als Manager des Satzes* die Rede.

Die lateinischen Tempora

Zeitfelder und Zeitverhältnisse

Was immer man als Sprecher oder Autor äußert, es hat einen festen Bezugspunkt: den Ort und den Zeitpunkt, an dem man seine Äußerung vornimmt bzw. seinen Text verfasst. Natürlich, und das ist für jede Art von Literatur bedeutsam, kann dieser Punkt auch fiktiv sein.

Doch ob real oder fiktiv, in jeder Äußerung, in jedem Text wird zwangsläufig eine „Einstellung" des *Zeitfeldes* vorgenommen, in dem der Inhalt der Äußerung bzw. des Textes angesiedelt wird. Die Zeitfelder, in denen wir alles Geschehen unterbringen, sind Gegenwart, Vergangenheit und Zukunft. Der Bezugspunkt für die „Justierung" der Zeitfelder ist der genannte Sprechzeitpunkt.

Die Justierung ihrerseits erfolgt normalerweise über bestimmte Angaben im Text, z. B. *heute, vergangenes Jahr, als Romulus König war, nach der Besiedlung des Mars im Jahr 2090*; auch ein Buchtitel kann schon eine entsprechende Auskunft enthalten, etwa „Ab urbe condita" *(Seit Gründung der Stadt;* Geschichtswerk von T. Livius).

Innerhalb eines Textes existieren dann wieder zeitliche Beziehungen der beschriebenen Ereignisse untereinander: Zu einem bestimmten Ereignis können andere gleichzeitig, vorzeitig oder nachzeitig sein. In dem Satz *Ich hoffe, dich morgen zu treffen* beispielsweise ist *treffen* nachzeitig zu *ich hoffe*. Diese Zeitverhältnisse – *Gleichzeitigkeit* (GZ), *Vorzeitigkeit* (VZ) und *Nachzeitigkeit* (NZ) – kommen bei der Abfassung eines Textes ebenfalls in den Tempora sprachlich zum Ausdruck.

Ein weiteres grundlegendes Unterscheidungsmerkmal in Äußerungen bzw. Texten liegt in der Sprechhaltung, d. h. darin, ob der Inhalt *aktuell darlegend* oder *erzählend* (*narrativ*) ist; beide Haltungen können in einem Text auch ineinander übergehen; vergleiche:

> „Die deutsche Sprache ist ihrer normierten Aussprache nach ein junges Gebilde. Sie wurde vor nicht einmal einhundert Jahren 1898 von Theodor Siebs in der Bühnenaussprache festgelegt. Bestrebungen, das Neuhochdeutsche als eine einheitliche Schriftsprache festzulegen, gibt es jedoch schon seit der Mitte des 18. Jahrhunderts. Geographische Unterscheidungen aber hat es immer gegeben und wird es immer geben" (aus: H. Genzmer, *Sprache in Bewegung*).

> „Während sich Eos, die Göttin der Morgenröte, aus ihrem Bett von der Seite des stolzen Tithonos erhob, um Göttern und Menschen das Licht zu bringen, setzten sich die Götter zu einer Versammlung nieder, in ihrer Mitte auch Zeus. Denen zählte Athene die zahlreichen

Nöte des Odysseus auf: ‚Keiner denkt an den göttlichen Odysseus! Er liegt auf einer Insel und erleidet gewaltige Qualen im Palast der Nymphe Kirke ...'" (nach Homer, *Odyssee*).

Je nach seiner Darstellungsabsicht und zeitlicher Justierung wählt der Sprecher/Autor ein *dominierendes* Tempus, entweder für den ganzen Text oder für einen begrenzten Abschnitt (Genzmer: Präsens; Homer: Präteritum, in der Rede Präsens). Welches Tempus als dominierend gewählt wurde, ist ein entscheidendes Merkmal sowohl für den Textcharakter (Textsorte) wie den Textablauf, aber auch für die Bedeutung der jeweiligen Tempora und damit für deren Wiedergabe im Deutschen.

Maßgeblich bei der Wiedergabe der Tempora ist dann logischerweise in allen Fällen grundsätzlich der deutsche Sprachgebrauch.

Infinitive, Partizipien und Konjunktive bezeichnen keine Zeitfelder (Gegenwart, Vergangenheit, Zukunft), sondern meist nur das zeitliche Verhältnis Gleichzeitigkeit (GZ), Vorzeitigkeit (VZ) und Nachzeitigkeit (NZ) zur übergeordneten Handlung.

Das Präsens – ein Tempus für fast alles

Kennzeichen: Das Präsens ist das Tempus *ohne* besonderes Kennzeichen. Die Personensignale treten zum Teil in Verbindung mit den Bildevokalen i und u bei allen Konjugationsgruppen direkt an den Präsensstamm des Verbs.

Das lateinische Präsens entspricht in der Verwendung dem deutschen; es dient zur Beschreibung von a) Aktuellem, b) Allgemeinem, Zeitlosem, aber c) auch von Vergangenem und kann daher zumeist sprachgleich übersetzt werden. Im Fall c kann man sich nach eigener Wahl prinzipiell auch anders entscheiden:

a)	**Quid egō videō? Pūblius cum amīcā exit forās?**	*Was **sehe ich**? Publius geht mit seiner Freundin nach draußen?*
b)	**Inter terram caelumque eōdem spīritū pendent septem sīdera, quae vocāmus „errantia".**	*Zwischen Himmel und Erde **hängen** in derselben Luftschicht sieben Gestirne, die wir „Umherirrende" (d. h. Planeten) nennen.*
	Aut prōdesse volunt aut dēlectāre poētae.	*Nützen oder erfreuen, das **wollen** die Dichter.*
c)	**Vēnit** (*Präsens*) **māgnīs itineribus in Nerviōrum fīnes. Ibi ex captīvōs cōgnōscit, quae apud Cicerōnem gerantur ...**	*Er (Cäsar) **gelangte** (Präteritum) in Eilmärschen in das Gebiet der Nervier. Dort **erfuhr** er von Gefangenen, was bei Cicero vor sich ging ...*

Am zweiten Beispiel ist zu sehen, dass „zeitlose" Aussagen auch zeitgebunden sein können.

Steht in einem erzählenden Text allerdings das Präsens in Opposition zu einem Vergangenheitstempus, gewinnt es „dramatischen" Charakter (sog. dramatisches Präsens):

Sīc ait (Dīdō). Illa gradum studiō celerābat anīlem. At Dīdō – pallida morte futūrā – interiōra domūs inrumpit līmina ēnsemque reclūdit.	*So sprach sie (Dido). Jene (die Amme) beschleunigte geflissentlich den greisenhaften Schritt. Dido jedoch – bleich in Erwartung des Todes – **stürzt** in das Innere des Palastes und **zieht** das Schwert.*

! Eine Besonderheit des lateinischen *Briefstils* liegt darin, dass zum Abfassen des Briefes zeitgleiche Vorgänge vom Verfasser meist in die Vergangenheit gesetzt, also sozusagen vorwegnehmend aus der Perspektive des späteren Empfangs gesehen werden:

Proficīscēbar inde, cum hās ad tē litterās dedī.	*Ich bin gerade im Aufbruch von hier, während ich dir diesen Brief schreibe.*

Das Futur – Erwartung und Vorausschau

Kennzeichen: Das Futur wird vom Präsensstamm gebildet. In der a- und e-Konjugation trägt es die Merkmale **b–bi–bu**, in den übrigen zeigt es ein **e** (alle außer 1. Person) bzw. **a** (1. P. Sg.) vor den Personensignalen.

Das Futur wird im Lateinischen recht konsequent verwendet, um Zukünftiges bzw. Erwartetes zu beschreiben. Es tritt daher viel häufiger als im Deutschen auf, wo bei klarem Kontext üblicherweise das Präsens steht und das Futur eher zur Pointierung gesetzt wird. Es ist eigentlich weniger ein Tempus als ein Modus, weswegen es auch keinen zugehörigen Konjunktiv gibt (▶ Tabellen zum Verb). Die Nähe zum Modalen wird besonders an der 1. Person deutlich, wo das Futur stets zur Bedeutung *wollen* tendiert:

Crās Rōmam proficīscēmur.	*Morgen **brechen** wir nach Rom auf (werden/ wollen wir aufbrechen).*

Auch im Folgenden geht die im Futur formulierte Aussage in den Bereich der Absicht über:

Quō ūsque tandem abūtēre, Catilīna, patientiā nostrā? Quam diū etiam furor iste tuus nōs ēlūdet? Quem ad fīnem sēsē effrēnāta iactābit audacia?	Bis wohin noch wirst/willst du, Catilina, unsere Geduld missbrauchen? Wie lange noch soll dein Wüten uns verhöhnen? Wieweit soll deine zügellose Frechheit noch ausgreifen?

Bei Prophezeiungen lässt sich natürlich von Aussagen über Zukünftiges sprechen, jedenfalls aus antiker Sicht, wenn Götter reden – und das noch *post eventum*:

Aliī vīvōs dūcent dē marmore vultūs, ōrābunt causās melius caelīque meātūs dēscrībent: tū, Rōmāne, populōs regēs imperiō.	*Andere* (gemeint: die Griechen) *werden lebendige Gesichter aus Marmor herausarbeiten, werden besser Gerichtsreden halten und die Sternbahnen des Himmels beschreiben: Du, Römer, wirst die Völker unter deiner Herrschaft regieren.*

Zur Beschreibung eines erwarteten Ereignisses, oft als unmittelbar bevorstehend gedacht, dienen auch Wendungen mit dem Partizip Futur Aktiv (PFA) mit einer Form von **esse**:

Factūrusne operae pretium sim, nec satis sciō.	*Ob **ich im Begriff bin**, etwas Lohnendes zu tun, weiß ich nicht genau.*

Die Zwillinge Perfekt und Imperfekt – Rückschau in die Vergangenheit

Kennzeichen des *Perfekts* Aktiv sind ein eigener Perfektstamm mit sieben Bildeweisen und zum Teil lautlichen Abwandlungen gegenüber dem Präsensstamm sowie eigene Personensignale (▶ S. 36, 46). Das Perfekt Passiv wird mit dem Partizip Perfekt Passiv und Formen von **esse** gebildet (▶ S. 47, 51).

Das *Imperfekt* wird vom Präsensstamm mit den Tempussignalen **-ba-** oder **-ēba-** vor den Personensignalen gebildet.

In der Beschreibung des Zeitfeldes Vergangenheit gehen das Lateinische und das Deutsche jeweils eigene Wege: Perfekt bzw. Imperfekt im Lateinischen sind *nicht* das Gleiche wie das deutsche *Präteritum* bzw. *Perfekt*.

- Das lateinische Perfekt und Imperfekt treten im Text in der Regel zusammen auf.

- Ihre Gemeinsamkeit besteht darin, dass die in Perfekt oder Imperfekt beschriebene Handlung „vergangen“ ist, besser: *vor* dem (realen oder fiktiven) Sprechzeitpunkt liegt. Ihre Aufgaben bei der Erfassung von Vergangenem sind hingegen stark verschieden.

– Vorgänge im Imperfekt können einander überschneiden, da sie durch dieses Tempus jeweils als *nicht abgeschlossen* gekennzeichnet sind, solche im Perfekt dagegen nicht; diese gelten jeweils als abgeschlossen.

– Dem lateinischen Perfekt entsprechen im Deutschen zwei Tempora: das Präteritum und das deutsche Perfekt.

– Ein Imperfekt im Sinne des Lateinischen gibt es im Deutschen nicht. Es wird zumeist mit dem deutschen Präteritum wiedergegeben, aber in manchen Fällen ist auch das deutsche Perfekt möglich; manchmal sind Umschreibungen sinnvoll.

Die Erzählung

- Als Tempus für Erzählungen dient (wie im Deutschen) sehr häufig das Präsens.

- Perfekt und Imperfekt bezeichnen in der Erzählung das gleiche Zeitfeld: Vergangenheit. Dominiert in Texten dieser Art das Perfekt gegenüber den anderen Tempora, beschreibt es nach dem einleitend Gesagten die einzelnen Erzählschritte/Stufen einer Handlung, die den *Vordergrund* der Erzählung bilden. Es beantwortet die Frage: *„Was geschah dann?"* Fast in einer Art dramatischen „Miniromans" macht das der bekannte Ausspruch Cäsars sinnfällig, in dem er den Sieg über seine innenpolitischen Kontrahenten in drei „Etappen" gliedert:

Vēnī,	*Ich kam,*
vīdī,	*sah,*
vīcī.	*siegte.*

- Das Imperfekt dagegen beschreibt den *Hintergrund*, die Kulissen, die Voraussetzungen eines Geschehens, also die Begebenheiten, die außerhalb des Einsetzens oder Fortgangs der Hauptereignisse liegen. Es löst die Erwartung aus, dass etwas passiert (im Beispiel zunächst Imperfekt, dann Perfekt):

[Vor der Erschaffung der Welt] **Nūllī sua fōrma manēbat, obstābatque aliīs aliud, quia in ūnō corpore frīgida pūgnābant calidīs ...**	*Nichts hatte eine beständige Form, das Eine behinderte das Andere, weil in einem Körper Kaltes mit Warmem kämpfte ...*
[Dann] **Hanc lītem deus et melior nātūra dirēmit. Nam caelo terrās et terrīs undās abscidit et ...**	*Diesen Streit schlichtete ein Gott und eine bessere Naturordnung. Denn vom Himmel trennte er die Landmassen und vom Lande die Wogen und ...*

- Wird ein Textabschnitt vom Imperfekt dominiert, handelt es sich um eine Schilderung vergangener Verhältnisse (wie im Beispiel eben am Anfang).

- Das Standarddeutsche verwendet das Präteritum zur Wiedergabe des lateinischen Perfekts zumeist auch dann, wenn es in der Textsorte „Erzählung" die Ich-/Wir-Rolle wiedergibt:

Domum revertimus resēdimusque in hortō. Sōl lūcem modicam mittēbat.	*Wir **kehrten** nach Hause **zurück** und **setzten uns** in den Garten. Die Sonne sandte ein schwaches Licht.*

Eine im Imperfekt ausgedrückte Aktion kann sich durch den Kontext als nicht abgeschlossen erweisen, auf diese Weise kann also ein *Versuch* bezeichnet werden:

Gāius abībat, tum Fulvia eum revocāvit.	*Gaius **wollte gehen**, da rief Fulvia ihn zurück.*

Außerhalb dieser Grundregeln wird von **esse** (*sein*) sowie **dīcere** (*sagen, sprechen*) und ähnlichen Verben auch das Imperfekt **(eram** bzw. **dīcēbam)** gebraucht, wo man das Perfekt **(fuī** bzw. **dīxī)** erwarten würde:

Nōn tibi dīcēbam „ī" modo? – Quidnam revocābās?	*Habe ich dir nicht gerade gesagt „Geh!"? – Warum hast du mich dann zurückgerufen?*

Aktuelles Sprechen – Vergangenheit gegenwärtig

In Texten, in denen das Präsens das dominierende Tempus ist, bezeichnet das lateinische Perfekt Begebenheiten der Vergangenheit, die einen inneren Bezug zum aktuellen Sprechzeitpunkt haben. Typische Textsorten dafür sind Dialoge oder Reden, also aktuelle, situationsbestimmte Äußerungen. Wird das Perfekt von einem Sprecher (*ich/wir*) in einem Dialog gebraucht und handelt es sich dabei *nicht* um eine Erzählung im obigen Sinn, wird im Deutschen zumeist das Perfekt verwendet. Das Geschehen selbst kann dabei ohne weiteres zeitlich zurückliegen:

Heus, Tite! Camēlopardalēs herī vīdimus!	*Hallo, Titus! **Wir haben** gestern Giraffen **gesehen**!*
(Cicero hält Catilina staatsfeindliche Umtriebe vor:) **Nihilne, Catilīna, urbis vigiliae, nihil timor populī, nihil concursus bonōrum omnium mōvērunt?**	***Haben** dich, Catilina, die Wachen in der Stadt, die Angst der Bevölkerung, das Zusammenströmen aller Patrioten überhaupt nicht **beeindruckt**? (Beeindrucken dich… nicht?)*

In manchen Fällen gibt das Perfekt das *Resultat* einer Handlung wieder. Im Deutschen steht das Perfekt auch dann, wenn nicht ein Sprecher oder Angesprochener Subjekt sind; aber auch das Präsens kann angebracht sein:

A: Periimus! Pater adest. – B: Quid ego ex tē audiō? – A: Absūmptī sumus! Pater, inquam, tuus vēnit!	*A: Wir **sind verloren**! Der Vater ist da. – B: Was höre ich von dir? – A: Wir **sind verratzt**! Dein Vater, sag ich, **ist gekommen**!*

Convivae advēnērunt.	*Die Gäste sind da („angekommen").* [Also kann das Fest jetzt beginnen.]

Als Variante dieses Gebrauchs *konstatiert* das Perfekt ein vergangenes Ereignis, aus dem sich je nach Sachlage auch Folgen für die Gegenwart ergeben:

Ubī sunt, quī ante nōs in mundō fuēre? Ubī sunt? Fuēre!	*Wo sind die, die vor uns auf der Welt **waren**? Wo sind sie? **Gewesen sind** sie!*
(Vertragstext) **L. Pānsa ēmit mancipiōque accēpit puerum Aplaustrum …**	*L. Pansa **hat** den Sklaven Aplaustrus **gekauft** und zum Eigentum **erhalten**.*

Perfekt als Präsens

Bei einigen Verben liegt von der Bedeutung her im Perfekt praktisch kein Unterschied zum Präsens vor, so dass sie entsprechend übersetzt werden (analog Plusquamperfekt und Präteritum):

cōnsuēvī (Perf. von **cōnsuēscere**)	*ich bin gewohnt*	*„ich habe mich gewöhnt"*
cōnsuēveram	*ich war gewohnt*	*„ich hatte mich gewöhnt"*
cōnstitī (Perf. von **cōnsistere**)	*ich stehe*	*„ich trat hin"*
cōnstiteram (Plpf.)	*ich stand*	*„ich war hingetreten"*

▶ S. 65 **meminī, ōdī, nōvī**

Zum Perfekt als bezogenes Tempus ▶ nächsten Abschnitt.

Bezogene Tempora

Das Lateinische bezeichnet relativ genau, jedenfalls weit stärker als das Deutsche, die zeitlichen Verhältnisse zwischen zwei Begebenheiten. *Bezogene Tempora* sind solche, die zeitlich in direkter Beziehung zu einer anderen Aussage stehen.

Das Perfekt

Das Perfekt bezeichnet Vorgänge, die in einem Vorzeitigkeitsverhältnis zu einem Präsens stehen (s. o.). Steht es dabei in einem Nebensatz, musst du die deutschen Tempusregeln beachten:

Cum rūs vēnī, ōtiō fruor.	***Wenn ich** aufs Land **komme**, genieße ich meine Ruhe.*
Quae Plīnius audīvit dē Christiānīs, imperātōrī dēfert.	*Was Plinius über die Christen in Erfahrung **bringt**, **legt** er dem Kaiser vor. (Oder ggf. Was Plinius … brachte, legte er … vor.)*

Das Futur II

Kennzeichen: Im Aktiv werden die Formen vom Perfektstamm mit einheitlichem Tempussignal **-er-/-eri-** vor den Personensignalen gebildet, im Passiv vom PPP und dem Futur I von **esse** (**erō** usw.).

Im Futur II stehen die Handlungen, die *vor* einer künftigen spielen, also zu ihr *vorzeitig* sind. Im Deutschen wird hier regelmäßig das Präsens oder Perfekt benutzt:

Ubī advēneris, balneum tibi parābitur.	*Sobald du **angekommen bist**, wird dir ein Bad bereitet.*

Gelegentlich wird das Futur II auch ohne Unterschied zum Futur I gebraucht:

Ego hinc abscesserō abs te.	***Ich hau** erst mal von hier **ab**, weg von dir.*

Beachte: Im Deutschen dient das Futur II jedoch in der Regel zum Ausdruck einer Vermutung: *Du wirst gut angekommen sein.* ≈ *Ich nehme an, du bist gut angekommen.*

Das Plusquamperfekt

Kennzeichen: Im Aktiv werden die Formen vom Perfektstamm mit einheitlichem Tempussignal **-era-** vor den Personensignalen gebildet, also wie aus Perfektstamm + **eram** usw., dem Imperfekt von **esse**; im Passiv besteht es aus dem Partizip Perfekt Passiv und dem Imperfekt von **esse** (**eram** usw.).

Das Plusquamperfekt ist weitestgehend sprachgleich mit dem deutschen Plusquamperfekt. Es bezeichnet eine Handlung im Zeitfeld Vergangenheit, die *vor* einer anderen vergangenen Handlung stattfand. Dem Sprecher/Autor dient es im Text dazu, sozusagen eine Information nachzureichen. Das Plusquamperfekt ist dabei auf eine Äußerung im Perfekt oder Imperfekt bezogen:

Tum Gāius Fulviam visitāvit. Iam diū hunc diem exspectāverat.	*Dann besuchte Gaius Fulvia. Schon lange **hatte** er diesen Tag **erwartet**.*

Beachte aber: Das lateinische Plusquamperfekt im Nebensatz wird im Deutschen (bei eindeutigem Kontext) sehr oft mit dem Präteritum ausgedrückt. Das Lateinische ist hier „pedantischer" mit der Bezeichnung der Vorzeitigkeit als das Deutsche.

Quī Olympiae vicerat, olīvā corōnābātur.	*Wer in Olympia **siegte**, wurde mit einem Olivenzweig bekränzt.*

Auch bei Präsens als Erzähltempus ist zur Bezeichnung von Vorzeitigkeit mit dem Plusquamperfekt zu rechnen:

Deinde, ut obtinentēs locum virēs refēcerant, audent ultrō gradum īnferre.	*Als die, die den Ort besetzt hielten, ihre Kräfte* ***wiederhergestellt hatten, wagen*** *sie daraufhin, weiter vorzurücken.*

Spezialitäten

Historischer Infinitiv

„Ich meine Sachen schnappen, aufs Fahrrad springen, losrasen war Sache eines Augenblicks." In dieser deutschen Äußerung ist ein Subjekt (*ich*) mit Infinitiven verbunden, die als Prädikat dienen; bei dieser Ausdrucksweise erscheint das Beschriebene wie im Zeitraffer.

Ähnliches – ein Subjekt mit einem Infinitiv – kommt auch im Lateinischen mit ähnlicher Wirkung als Stilmittel zur Variation in der Erzählung vor:

Verrēs ūnumquodque vās in manūs sūmere, laudāre, mīrārī.	*Verres* ***nahm*** *jedes Gefäß einzeln in die Hand,* ***lobte*** *und* ***bestaunte*** *es.*

Ein solcher „beschreibender" Infinitiv kann anstelle eines Perfekts oder Imperfekts begegnen und wird *historischer Infinitiv* genannt.

Ja oder nein, vielleicht oder hoffentlich: Indikativ und Konjunktiv (Modi)

Zu den Modi („Redeweisen") zählt man die Verbformen Indikativ, Konjunktiv und Imperativ. Außer diesen Formen können auch Adverbien zur Kennzeichnung eines Aussagemodus (der „Modalität") dienen, z. B. *hoffentlich* + Indikativ.

Mit den Modi gibt ein Sprecher/Autor an, wie sich das Beschriebene in seinen Augen zur Wirklichkeit verhält oder wie er das Beschriebene verstanden wissen will: Er stellt die Aussage als *Tatsache, Wunsch, Aufforderung, Möglichkeit, Nicht-Tatsache* u. a. hin. Die gleiche Aufgabe erfüllen viele Adverbien wie z. B. *vielleicht, möglicherweise, hoffentlich* u. a. Die Modi drücken also eine Intention des Sprechers, eine *Redeabsicht* aus. Der Sprecher *will*, dass sein Hörer ihn entsprechend seiner Absicht versteht – gelogen wird daher im Indikativ.

In der Verwendung des Indikativs und Imperativs sind das Lateinische und das Deutsche praktisch sprachgleich.

Typisch lateinisch: Der Konjunktiv spielt eine weit größere Rolle als im Deutschen; es gibt teils gemeinsame, teils stark unterschiedliche Verwendungsweisen. Wichtig für die Bedeutung des Konjunktivs ist, ob er im selbstständigen oder im abhängigen Satz auftritt.

Man nehme … – der Konjunktiv im selbstständigen Satz

Im selbstständigen Satz (Hauptsatz) hat der Konjunktiv über die Signalisierung einer bestimmten Redeabsicht hinaus weitgehend auch zeitliche Bedeutung. Eine Einschränkung gilt für den Konjunktiv Perfekt, dessen Auftreten in manchen Fällen ohne tiefere Bedeutung einfach nur sprachüblich ist.

Wille, Wunsch und Möglichkeit – der Konjunktiv

Formen: ▶ S. 38 ff.; 58 ff.

Damit man sich differenziert über die „Dinge in der Welt und im Kopf" äußern kann, reicht es nicht aus, mithilfe der Werte „Positiv" und „Negativ" zu kommunizieren. Mit dem Konjunktiv existiert eine Möglichkeit, Zwischenbereiche auszudrücken oder – besonders wichtig – im Sinne überlegter Partnertaktik Aussagen etwa im Extremfall auch zu verklausulieren. Eine weitere Möglichkeit bilden differenzierende oder nuancierende Adverbien (und Verwandtes), so genannte *Indikatoren*. Beide Möglichkeiten ergänzen einander.

Der lateinische Konjunktiv Präsens im selbstständigen Satz bezeichnet *Wollen* bzw. *Wunsch* und *Möglichkeit,* im Fragesatz *Überlegung*. Der konkrete Sinn ergibt sich immer aus dem weiteren Kontext, der Satzart und nicht zuletzt der Bedeutung des Verbs.

Wollen oder sollen?

Wollen oder Sollen ist eine Frage der Perspektive; letztlich geht es darum, dass einer soll – man selber oder jemand anders:

Proficiscāmur!	*Lasst uns/Wir wollen aufbrechen!*
Taceātis!	*Ihr sollt schweigen/Schweigt, bitte!*
Gaius intret!	*Gaius soll eintreten/trete ein!*
Ēloquar an sileam?	*Soll ich reden oder schweigen?*

Grammatik

Quem auxiliō vocēmus?	*Wen sollen wir zu Hilfe rufen?*
Videant cōnsulēs, nē quid dētrimenti capiat rēs pūblica.	*Die Konsuln sollen/mögen zusehen, dass der Staat keinen Schaden nimmt!*

Wenn jemand *nicht soll*, gebraucht das Lateinische die Negation **nē** statt **nōn**:

Nē serius veniātis (quaesō)!	*Kommt nicht zu spät (bitte)!*
I, sequere illōs, nē morēre!	*Geh, folge ihnen, trödle nicht!*

! Beachte: Geht das Nicht-Sollen mehr in Richtung Verbot oder strengere Vorschrift, ist der Konjunktiv Perfekt üblich, ohne dass eine zeitlicher Bezug zur Vergangenheit vorliegt:

Nē vōs quidem, iūdicēs, mortem timueritis!	*Ihr dürft, meine Herren Richter, nicht einmal den Tod fürchten!*

Eine negative Aufforderung lässt sich auch mit dem Imperativ von **nōlle** formulieren:

Nōli/Nōlīte mē tangere!	*Fass/Fasst mich bitte nicht an!*

In all diesen Fällen betrachtet der Sprecher den Wunsch bzw. die Aufforderung als *kontrollierbar*, d. h. er meint, das Geforderte könne eintreten. Ist das Geforderte *unkontrollierbar*, d. h. (auch subjektiv) außerhalb der Macht des Sprechers, geht die Äußerung in einen Wunsch, eine Hoffnung über.

Wünschen und hoffen

Dī rēs bene vertant!	*Die Götter **mögen** die Dinge zum Guten wenden!*
Valeant cīvēs meī! Sint florentēs, sint beātī!	***Hoffentlich** geht es meinen Mitbürgern gut! Erfolgreich mögen sie sein und glücklich!*

Auch dass sich ein Wunsch auf die Vergangenheit richtet, ist möglich (Konjunktiv Perfekt):

Utinam vērē augurāverim!	*Hoffentlich habe ich richtig prophezeit!*

Ja oder nein? Oder eher vielleicht? – der Potentialis

Mit dem Konjunktiv Präsens und Perfekt kann ein Geschehen auch als *möglich* bezeichnet werden. In dieser Verwendung heißt er *Potentialis*. Während der Sprecher bei Gedankenspielen im Konjunktiv Imperfekt und Plusquamperfekt den Inhalt des Gesagten faktisch *ausschließt*, hält er ihn mit dem Konjunktiv Präsens/Perfekt für möglich, für *offen*. Im Kern ist dies nichts anderes, als „vielleicht" zu sagen, und daher stehen in diesen Fällen recht oft – aber eben nicht immer – Indikatoren wie **fortasse** (*vielleicht*).

Im Deutschen steht für Äußerungen dieser Art der Indikativ, begleitet durch Adverbien wie *vielleicht, möglicherweise*, oder man verwendet Umschreibungen wie *könnte, kann, möglich wäre es, dass* oder ähnliches.

Vix vērisimile fortasse videātur.	*Das **scheint vielleicht** kaum wahrscheinlich.*
Quis hoc nōn fateātur?	*Wer **dürfte** das nicht zugeben?*

Vorwiegend muss man mit dem Konjunktiv Perfekt in selbstständigen Sätzen rechnen; er hat dort *keinen* Vergangenheitsbezug. Vielmehr kommt darin eine Bescheidenheit des Sprechers, ein Zurücknehmen seiner Person zum Ausdruck, wie etwa in den deutschen Wendungen *„dazu würde ich gern sagen", „dazu hätte ich gemeint"*:

Dixerit/Dīcat aliquis tē hāc in rē errāre.	*Jemand **könnte (möchte, würde) vielleicht** sagen, dass du dich in der Sache irrst.*
Illud haud crēdiderim.	*Das glaube ich **eigentlich** nicht.*

In bestimmten Kontexten gewinnen konjunktivische Sätze dieser Art „einräumenden" Charakter (*mag ... auch*); als Indikator findet sich hier häufig **licet** (*es mag sein, dass*) oder **ut** (eigtl. *wie*):

Omnia possideat, nōn possidet āëra Mīnōs (sagt Dädalus).	***Vielleicht** besitzt er alles, nicht aber besitzt Minos die Luft.*
Fremant omnēs licet: dīcam, quod sentiō.	***Mögen** alle murren: Ich werde sagen, was ich denke.*
Ut dēsint virēs, tamen est laudanda voluntās.	*Es **mögen** auch die Kräfte fehlen, trotzdem ist der Wille zu loben.*

- Dieser Konjunktiv findet sich oft auch in Bedingungssätzen (▶ S. 83 f.).

Gedankenspiele – der Konjunktiv

Formen: ▶ S. 39 ff.; 58 ff.

Der lateinische Konjunktiv Imperfekt bzw. Plusquamperfekt drückt im Hauptsatz *sprachgleich* mit dem deutschen Konjunktiv II (*ich ginge, würde gehen, wäre gegangen, hätte gearbeitet*) ein Gedankenspiel, eine *Hypothese* aus: In dieser Verwendung wird der Konjunktiv als *Irrealis* bezeichnet. Der Konjunktiv Imperfekt bezeichnet eine gleichzeitig zum Sprechakt erfolgende oder gedachte Handlung, der Konjunktiv Plusquamperfekt eine vorzeitig zum Sprechzeitpunkt. Mit dem Gebrauch dieses Konjunktivs gibt der Sprecher zu verstehen, dass er eine Alternative zum Gesagten ausschließt.

Häufig findet sich eine solche Aussage über etwas, das *nicht ist*, auch in der Form eines *Wunsches*. Das Signalwort für diese Art Wünsche ist **utinam** (*o wenn doch!*). In der Regel wird damit jedoch eigentlich ein Bedauern o. ä. ausgedrückt.

Mendācī hominī nē vēra quidem dīcentī crēderēs.	*Einem Lügner **würde man** („würdest du“) nicht einmal **glauben**, wenn er die Wahrheit sagt.*
Tē rogō! Alius enim fortasse minus prūdenter responderet.	*Dich frage ich! Ein anderer **würde** nämlich vielleicht weniger überlegt **antworten**.*
Utinam tacērēs!	*Wenn du doch **schwiegest** (still wärst)! [aber leider tust du es nicht]*
Utinam tacuissēs!	*Wenn du doch **geschwiegen hättest** (still gewesen wärst)! [aber leider…]*
Utinam minus vītae cupidī fuissēmus! Certē nihil aut nōn multum in vītā malī vīdissēmus.	***Wären wir doch** weniger lebenshungrig **gewesen**! Sicher **hätten** wir dann nichts oder nicht viel Übles im Leben **gesehen**.*

- Dieser Konjunktiv findet sich oft auch in Bedingungssätzen (▶ S. 83 f.).

Das im Konjunktiv Imperfekt ausgedrückte Gedankenspiel kann sich auch auf die Vergangenheit beziehen; im Verb findet dann sozusagen eine Vergegenwärtigung des Vergangenen statt:

(Berichtet wird vom Ausbruch des Vesuvs:) **Audīrēs ululātūs fēminārum, infantum quirītātūs, clāmōres virōrum!**	***Du hättest (man hätte)** das Geheule der Frauen, das Gekreische der Kinder, das Gebrüll der Männer **hören können**!*

Nicht ausgesprochen wird hier: „…aber faktisch hat man es nicht“.

Ebenfalls als Gedankenspiel möglich sind nachträgliche Fragen zu einer vergangenen Situation; auch hier liegt eine Vergegenwärtigung des Vergangenen vor:

Quid facerēmus?	*Was* hätten *wir tun* sollen? (soll ich *jetzt* denken?)

Einen anderen Akzent gegenüber dem Deutschen setzt das Lateinische, wenn beinahe etwas passiert wäre oder das Verb schon ein „an sich“ ausdrückt; dann reicht der Indikativ aus:

Paene cecidī!	*Beinahe **wäre ich gefallen**!*
Multa dīcere possum, sed longum est.	*Ich könnte vieles sagen, aber das **führte zu weit**.*

Bedeutung oder Gewohnheit – der Konjunktiv in abhängigen Sätzen

Am häufigsten findet sich der lateinische Konjunktiv im abhängigen Satz. Fast kann man ihn als „Marke" für eine Reihe abhängiger Sätze bezeichnen. Verständnisprobleme sollten nicht auftreten: In den meisten Fällen bedeutet der lateinische Konjunktiv im abhängigen Satz für uns nichts. (Die hauptsächliche Ausnahme wurde oben im Kapitel zu den Bedingungssätzen beschrieben, wo der Sprachgebrauch gleich ist.) Trotzdem wollen wir uns ansehen, wo mit dem Konjunktiv zu rechnen und wo er ggf. „ernst zu nehmen" ist.

- Allgemein lässt sich sagen: Der Konjunktiv im abhängigen Satz kann einerseits die gedankliche Verbindung, die zum übergeordneten Satz besteht, hervorheben, andererseits nur aus dem Grund stehen, weil es bei entsprechenden Ausdrücken grammatische Vorschrift ist. Die Art der gedanklichen Verbindung ergibt sich allein aus dem Kontext.

- Der Konjunktiv findet sich prinzipiell in allen Formen abhängiger Sätze, in
  - Inhaltssätzen (deutsch zumeist *dass*-Satz),
  - Temporalsätzen (Zeitpunkt bezeichnend);
  - Sätzen mit Sinnrichtung:
    modal: Art und Weise (z. B. *indem*);
    final: Absicht, Zweck *(damit)*;
    konsekutiv: logische oder tatsächliche Folge *(so dass)*;
    kausal: begründend *(da, weil)*;
    konditional: bedingend *(wenn)*;
    konzessiv: einräumend *(obwohl)*;
    adversativ: gedanklicher Gegensatz *(während dagegen)*;
  - Relativsätzen.

Abhängige Sätze werden in der Regel durch einleitende Konjunktionen oder Pronomina signalisiert. Ob und in welchem ein Konjunktiv steht, „regelt das Kleingedruckte", in diesem Fall die lateinische Grammatik – aber die muss man ja nicht aktiv beherrschen.

Die Zeitenfolge oder zwei geschlossene Gesellschaften

Wie schon betont, verweist ein Verb im abhängigen Satz nicht auf ein Zeitfeld, sondern bezeichnet ein *Zeitverhältnis* zu der Handlung des selbstständigen Satzes (Gleichzeitigkeit, Vorzeitigkeit, Nachzeitigkeit ▶ S. 68). Die Verwendung der einzelnen Konjunktive wurde dafür im Lateinischen penibel geregelt, in diesem System der Zuordnung existieren sozusagen „zwei geschlossene Gesellschaften" (Thomas Meyer):

Grammatik

	TEMPORA I	TEMPORA II
selbstständige Sätze	Präsens, Futur	Perfekt, Imperfekt, Plusquamperfekt
	TEMPORA I	TEMPORA II
abhängige Sätze		
gleichzeitig	Konjunktiv Präsens	Konjunktiv Imperfekt
nachzeitig	PFA **-ūrus, -a, -um + sim**	PFA **-ūrus, -a, -um + essem**
vorzeitig	Konjunktiv Perfekt	Konjunktiv Plusquamperfekt

Ziel- und zweckgerichtete Handlungen

Erwartungsgemäß findet sich der Konjunktiv zum Ausdruck von Handlungen, die durch ein übergeordnetes Verb mit der (direkten oder indirekt enthaltenen) Bedeutung *Wunsch* oder *Wille* ausgelöst werden (sollen). Die Handlung ist dadurch auf ein *Ziel* oder einen *Zweck* gerichtet. Im Deutschen ist hier der Indikativ üblich, der persönliche Stil oder einzelne Konventionen machen auch den Konjunktiv möglich; in manchen Fällen ist der Infinitiv (*zu …, um zu …*) angezeigt.

- Signal für Finalsätze (Zwecksätze) ist neben dem auslösenden Verb die Konjunktion **ut** *dass, damit, auf dass*, verneint **nē** *dass nicht, damit nicht, auf dass nicht*. Das **ut** kann auch fehlen.

Pater scrībit, ut fīlius redeat.	*Der Vater schreibt, der Sohn möge zurückkommen [dass der Sohn …].*
Hortātus sum, ut omnia sine timōre indicāret.	*Ich habe ihn dazu aufgefordert, alles ohne Furcht mit**zu**teilen.*
(Rōmānī) vōmunt ut edant, edunt ut vōmant.	*Die Römer kotzen, um zu essen, und essen, um zu kotzen* (Kritik Senecas).
Spartacus celeriter processit, nē adversāriī sē caperent.	*Spartacus rückte schnell vor, damit seine Gegner ihn nicht **fingen**.*
Magistrātum dēpōne, nē in posterum malō exemplō sīs!	*Lege dein Amt nieder, damit du in Zukunft nicht weiter ein schlechtes Vorbild **seist/bist**!*

- Beachte: **dīcō eam venīre** (AcI) *ich sage, dass sie kommt* – **dīcō ut veniat** *ich sage, sie solle kommen* (abhängiger Finalsatz).

! Eine Besonderheit, die sich in den romanischen Sprachen fortgesetzt hat, zeigen Verben des Fürchtens, wohl weil sich hinter ihnen eine „innere Abwehr" (*„soll nicht"*) verbirgt. Bei ihnen entspricht **nē** dem Deutschen *dass* (**nē nōn** *dass nicht*, selten **ut**):

Vereor nē nimis stultē fēcerim.	***Ich fürchte**, ich habe etwas allzu Dummes getan.*
Metuō nē {nōn sit} surda atque haec audīverit.	***Ich fürchte**, sie {ist nicht} taub und hat das gehört.*

Wird die Aussage des Finalsatzes durch ein Adverb im Komparativ bestimmt, lautet die Konjunktion **quō** (*damit desto*), manchmal **ut eō**:

Lēgem brevem esse oportet, quō facilius ab imperītīs teneātur.	*Ein Gesetz muss kurz sein, **damit** es **umso leichter** von Unkundigen behalten wird.*

Wenn das Wörtchen wenn ...

Im Deutschen sind dir zwei Typen von Wenn-Satz-Verbindungen, Bedingungssätzen vertraut:

1. *Wenn du mich wirklich liebst, ...*	das setze ich als real voraus	*... gehst du jetzt mit mir Pizza essen.*
2. *Wenn du mich wirklich liebtest, ...*	a) aber das tust du ja nicht (irreal) b) vielleicht tust du es ja doch (potential)	*... gingest du jetzt mit mir Pizza essen.*

Der erste Typ ist im Indikativ gehalten, der zweite im Konjunktiv II. Wie du siehst, kann der zweite Typ – unausgesprochen – seinerseits zweierlei bedeuten (das Gleiche gilt auch für die Vergangenheit *geliebt hättest - wärst du gegangen*).

Während der erste Typ (Realis) im Lateinischen ebenfalls im Indikativ steht, wird der zweite Typ durch verschiedene Konjunktive unterschieden: Bei a) wird der Konjunktiv Imperfekt für die Gegenwart bzw. Plusquamperfekt für die Vergangenheit (Irrealis), bei b) der Konjunktiv Präsens oder bedeutungsgleich Perfekt verwendet (Potentialis). Wie bei der Verwendung im selbstständigen Satz (▶ S. 79) betont der Sprecher im Fall a), dass er das Gegenteil des Gesagten annimmt, im Fall b), dass er das Gesagte in puncto Ja oder Nein für unentschieden (möglich) hält.

1. Realis	Indikativ	**Sī hoc dīcis, mentīris.** *Wenn du das sagst, lügst du.*
2. a) Irrealis	Konj. Impf. (Gegenwart)	**Sī hoc dīcerēs, mentīrēris.** *Wenn du das sagen würdest, würdest du lügen.*
	Konj. Plpf. (Vergangenheit)	**Sī hoc dīxissēs, mentītus essēs.** *Wenn du das gesagt hättest, hättest du gelogen.*
2. b) Potentialis	Konj. Präsens oder Perfekt	**Sī hoc dīcās (dīxeris), mentiāris (mentītus sīs).** *Wenn du das sagen solltest (und es ist durchaus möglich, dass du das sagst), dürftest/würdest du wohl lügen.*

Die *Bedingung* (*wenn, falls*) wird im Lateinischen eingeleitet mit:

sī	*wenn*	**nisī (nī)**	*wenn nicht*
quodsī	*wenn aber, wenn nämlich*	**sīn**	*wenn aber*
quasī/**tamquam**	*als ob, wie wenn*		

Āctum erit dē tē, nisī providēbis.	*Es wird mit dir aus sein, wenn du nicht vorsorgst.*
Aedēs tōtae cōnfulgēbant tuae, quasī essent aureae.	*Dein ganzes Haus erstrahlte, als ob es aus Gold wäre.*

- Beachte: Welche Ausdrucksweise (welcher Konjunktiv) angewandt wird, bestimmt der Sprecher je nach seiner Redeabsicht; so kommen denn auch Mischformen vor:

Sī diūtius hāc in urbe manēre velim,	*Wenn ich länger in dieser Stadt bleiben wollte,*
– was ja möglich ist, aber …	… dann schließe ich aus –
in hāc quidem domō nōn manērem.	*würde ich in diesem Hause nicht bleiben.*

Konjunktiv in Relativsätzen

Auch in Relativsätzen (▶ auch S. 156) kann ein Konjunktiv auftreten; er zeigt dann einen bestimmten Nebensinn (final, konsekutiv, kausal, konzessiv oder adversativ) des Relativsatzes an.

- *Finale* Relativsätze: Im Verb des übergeordneten Satzes ist ein Plan angelegt:

Carthāginiēnsēs lēgātōs mīsērunt, quī pācem peterent.	*Die Karthager schickten Unterhändler,* ***die*** *um Frieden nachsuchen* ***sollten*** *(damit sie …)*
Dēlēgisti, quōs Rōmae relinquerēs, quōs tēcum ēdūcerēs.	*Du hast (Leute) ausgewählt,* ***die*** *du in Rom lassen, und* ***welche, die*** *du mitnehmen* ***wolltest.***

- *Konsekutive* Relativsätze:

Reperiuntur, quī dīcant …	*Es finden sich Leute, die sagen …*
Neque is sum, quī gravissimē ex vōbīs mortis perīculō terrear.	*Ich bin auch keiner, der sich von euch zutiefst mit der Todesstrafe erschrecken lässt.*
Hominēs ratiōnem habent sagācem, quae et causās rērum et cōnsecūtiōnēs videat.	*Die Menschen besitzen einen scharfsinnigen Verstand, der sowohl die Ursachen der Dinge als auch die Folgen sieht (so dass sie sowohl…).*

Bestimmte Adjektive (z. B. **dīgnus, -a, -um** *würdig, wert* oder **idōneus, -a, -um** *geeignet*) weisen auf den Inhalt bestimmter Qualifikationen hin; dieser Inhalt wird dann gern in einem Relativsatz mit konsekutivem Nebensinn formuliert und muss im Deutschen anders ausgedrückt werden:

Dīgnus es, quī laudēris.	*Du bist es wert (verdienst es), gelobt zu werden.*

- *Kausale* Relativsätze enthalten eine Begründung zur Aussage des Hauptsatzes:

Mē caecum, quī haec ante nōn viderim!	*Ich Dummkopf, der (da, dass) ich dies nicht vorher gesehen habe!*

- *Konzessive* Relativsätze drücken ein Zugeständnis, *adversative* einen Gegensatz aus:

Rōmānī, quī numerō inferiōrēs essent, tamen vīcērunt.	*Die Römer, die doch (obwohl sie) zahlenmäßig unterlegen waren, siegten dennoch.*
Cur urbem petam, quī rūs amem?	*Warum soll ich die Stadt aufsuchen, der ich doch (während ich doch) das Land liebe?*

Markierung des Inhalts fremder Worte

Ganz wie der deutsche – eine seiner wichtigsten Verwendungsweisen – kann der lateinische Konjunktiv einem Sprecher/Autor dazu dienen, mit ihm seine Äußerung als Bericht oder

Wiedergabe des Inhalts einer fremden Äußerung zu kennzeichnen:

Caesar ā sociīs frūmentum postulāvit, quod sibī polliciti essent.	*Caesar verlangte von seinen Verbündeten das Getreide, das sie ihm* ***versprochen hätten****.*
Lēgātī missī sunt Carthāginem, sī nōn abstinerētur bellō.	*Unterhändler wurden nach Karthago entsandt,* ***ob man nicht*** *vom Kriege ablassen* ***wolle****.*
Crēditis, quod filiō meō bene inimīcus velit, pater nōlit?	*Glaubt ihr,* ***dass*** *meinem Sohn sein Feind* ***wohlgesonnen sei****, der Vater nicht?*

- Hauptsächlich findet sich der Konjunktiv in dieser Funktion bei der Wiedergabe von Nebensätzen in der berichteten oder indirekten Rede (▶ S. 175).

Weil die Grammatik es so will – der Konjunktiv als Subjunktiv

Es ist schon schwer genug, in der eigenen Sprache zu begründen, warum man etwas *so* und nicht *so* sagt, oft unmöglich. Und dann gibt es wieder einen Dialekt, der „erlaubt", was die Standardsprache „verbietet" *(„Gehste nachn Aldi?" „Komm bei Oma!")*. Umso hoffnungsloser sind solche Fragen bei einer Sprache, die niemand mehr als Muttersprache beherrscht. Hier kann man nur den Sprachgebrauch beschreiben.

- Am weitaus häufigsten begegnet der lateinische Konjunktiv im abhängigen Satz in seiner Rolle als Subjunktiv. Das heißt: Hier trägt er keine (erkennbare) Redeabsicht, sondern er gibt – scheinbar überflüssigerweise – nur an, dass das Verb in einem Nebensatz steht. In all diesen Fällen benutzt man im Deutschen den Indikativ.

- Der Subjunktiv findet sich

a) weitgehend obligatorisch in bestimmten Nebensatzarten (abhängiger Fragesatz, Konsekutivsatz, abhängiger Definitionssatz);

b) nach bestimmten Konjunktionen teils ausschließlich, teils in „Konkurrenz" mit dem Indikativ.

Wichtig ist: All diese Konjunktive lassen sich mit dem Indikativ wiedergeben, in manchen Fällen erlaubt der deutsche Sprachgebrauch einen Konjunktiv.

- Zu den Inhaltssätzen zählen auch abhängige Fragesätze, also solche, die durch Fragewörter wie **quis** (*wer*), **quantus** (*wie groß*), **ut** (*wie*), **sī, num/-ne/an** (*ob*), **quīn** (bei **nōn dubitō quīn** *ich zweifle nicht, dass*) usw. eingeleitet werden und gewissermaßen auf den Inhalt des übergeordneten Verbs „antworten"; sie müssen also nicht durch Verben mit fragendem Inhalt (wie **interrogāre** *fragen*) ausgelöst werden:

Cōgitā, quam vīta sit brevis.	*Bedenke, wie kurz das Leben ist.*
Nesciunt, quid dīcant.	*Sie wissen nicht, was sie sagen.*
Quaesitum est, num homō expertus adesset.	*Es wurde gefragt, ob ein Fachmann da ist/sei.*
Dubitō, an veniat.	*Ich zweifle, ob er kommt. (= Er kommt vielleicht.)*
Nōn dubitō, quīn veniat.	*Ich zweifle nicht, dass er kommt. (reale Behauptung = Er kommt sicher.)*

- Konsekutivsätze, also Sätze, welche die Folge eines Geschehens bezeichnen, weisen meistens ebenfalls den Subjunktiv auf; Konjunktion ist **ut** (*dass, so dass*), verneint **ut nōn** (*so dass nicht*), nach verneintem übergeordneten Satz auch **quīn** (*dass nicht*). Außer dem Kontext deuten häufig vorausweisende Signalwörter **ita, tam, adeō** (*so*), **tālis, -e** (*solch*) auf den konsekutiven Sinn einer Äußerung. Das Deutsche verwendet *so dass/dass (nicht)* mit Indikativ.

Omnēs ita rīsērunt, ut lacrimae prōsilīrent.	*Alle lachten* ***dermaßen, dass*** *die Tränen hervorschossen.*
Per triennium iste Siciliam ita vexāvit ac perdidit, ut ea restituī in antīquum statum nūllō modō possit.	*Im Lauf dreier Jahre hat dieser Kerl (Verres) Sizilien* ***so*** *malträtiert und zugrunde gerichtet,* ***dass*** *es überhaupt nicht mehr in den alten Zustand gebracht werden kann.*
Alexander „Eō", inquit, „prōpositō in Asiam vēnī, ut nōn id acciperem, quod dēdissētis, sed ut id habērētis, quod reliquissem."	*Alexander (d. Große) sagte: „Ich bin* ***nicht*** *mit dem Plan nach Asien gekommen,* ***dass*** *ich bekomme, was ihr mir preisgegeben habt,* ***sondern dass*** *ihr behalten könnt, was ich euch gelassen habe.*
Nīl tam difficile est, quīn quaerendō investigārī possit.	*Nichts ist* ***so*** *schwierig,* ***dass*** *es nicht durch Untersuchung erforscht werden könnte.*

- Ebenfalls den Subjunktiv weisen abhängige Definitionssätze auf; in diesen wird der mit dem übergeordneten Verb konkret gemeinte Inhalt überhaupt erst mitgeteilt („definiert"). Als Einleitung dienen (wie im deutschen *dass*-Satz) bestimmte Konjunktionen, oder sie treten in Gestalt eines Relativsatzes auf.

– Einleitende Konjunktionen: **ut** (*dass*), **nē** (*dass nicht*), **quod** (*dass*); nach verneinten Verben oder Verben mit der Bedeutung *hindern/zurückweisen* **quōminus** (*dass*), **quīn** (*dass/dass nicht*).

In manchen Grammatiken werden diese abhängigen Sätze zu den Konsekutivsätzen, teilweise zu den Finalsätzen gezählt oder als Explikativsätze (Erklärungssätze) bezeichnet.

Nōnnumquam accidit, ut terra moveātur.	*Bisweilen **passiert** es, **dass** die Erde bebt.*
Posteā id quoque accessit, ut saevitiae causam avaritia praebēret.	*Danach kam noch das hinzu, **dass** der Geiz Grund für Grausamkeit bot.*
Plūra nē scrībam, dolōre impedior.	***Dass** ich mehr schreibe (mehr zu schreiben), hindert mich der Schmerz.*
Nihil est, quīn male nārrandō possit dēprāvārī.	*Es gibt nichts, **dass** es **nicht** durch schlechtes Erzählen noch verschlimmert werden kann.*
Vix continēbam mē, quīn involārem mōnstrō in capillum.	***Kaum** konnte ich mich zurückhalten, diesem Ungeheuer in die Haare **zu** fahren.*
Nec cūnctābimur, quōminus sub tēctum faenum congerātur.	*Wir werden auch nicht zögern, **dass** das Heu unter Dach und Fach gebracht wird.*

Subjunktiv oder Indikativ im Bund mit bestimmten Konjunktionen

Für die bisher nicht erwähnten Arten abhängiger Nebensätze verwendet der Lateiner teils den Subjunktiv, teils den Indikativ. Echte Regeln dafür gibt es nicht; bei den Schriftstellern wird der Subjunktiv im Laufe der Zeit offenbar zunächst immer „beliebter" (in Spätantike und Mittelalter tritt er zurück).

Manche Konjunktionen lösen obligatorisch den Indikativ aus, manche den Subjunktiv, manche verhalten sich so oder so. Für das Übersetzen indes gilt jedoch, dass das Deutsche in allen Fällen den Indikativ setzt.

Von besonderem Interesse ist ein Blick auf die sehr häufigen Konjunktionen **cum, ut** und **dum,** weil sich dort der Gebrauch mit Subjunktiv oder Indikativ teilweise auf die Satzbedeutung auswirkt.

- **cum mit Subjunktiv** tritt auf
  - in Temporalsätzen, die zeitliche Angaben machen, besonders in der Erzählung; es gibt hier keinen erkennbaren Unterschied zu gleichartigen Sätzen im Indikativ. Deutsch *als, wenn, während*:

Caesar cum Galliam expūgnāvisset, Rubicōnem flūmen trānsiit.	***Als** Cäsar Gallien erobert hatte, überschritt er den Rubikon.*
Caesarī cum id nūntiātum esset, ...	***Als** das Cäsar berichtet wurde, ...*

- in Kausalsätzen, die Begründungen liefern. Deutsch *da, weil*:

Dionysius cum palam cōnsistere nōn audēret, cōntiōnārī ex turrī altā solēbat.	***Weil*** [der Tyrann] *Dionysius nicht öffentlich aufzutreten wagte, pflegte er von einem hohen Turm aus zu reden.*

- in Konzessivsätzen, die den Inhalt des übergeordneten Satzes als unlogisch beschreiben und einen Grund dagegen anführen. Deutsch *obwohl*:

Cum tōta Italia bellō sociōrum ārdēret, C. Norbānus in summō ōtiō fuit.	***Obwohl*** *ganz Italien im Bundesgenossenkrieg brannte, gab sich G. Norbanus voll seiner Ruhe hin.*

- in Adversativsätzen, die ein aus Sicht des Sprechers zum Inhalt des übergeordneten Satzes gegensätzliches Faktum konstatieren. Deutsch *während (dagegen, andererseits)*:

Ā Caesare nēmō ad Pompēium trānsiit, cum paene cottīdiē ā Pompēiō mīlitēs ad Caesarem perfugerent.	*Niemand lief von Cäsar zu Pompeius über,* ***während*** *fast täglich Soldaten von Pompeius zu Cäsar flohen.*

- **cum mit Indikativ** dagegen findet sich
- in temporalen Sätzen einfach zur Angabe eines Zeitpunkts:

Īnspectāvistī meum hospitem, cum amīcam ōsculābātur.	*Du hast meinem Gast zugeschaut,* ***als*** *er seine Freundin küsste.*

- in temporalen Sätzen, die eine Erklärung zum Inhalt des übergeordneten Satzes formulieren. Deutsch *wenn, indem, (dadurch) dass*:

Cum tacent, clāmant.	***Indem*** *sie schweigen, reden sie.*
Rēctē fēcistī, cum silēbās.	*Du tatest richtig,* ***dass*** *du schwiegst.*

- in temporalen Sätzen, welche die Wiederholung eines bestimmten Vorgangs ausdrücken. Deutsch *(jedesmal) wenn, so oft*; oft mit vorausverweisendem **tum** *dann*:

Cum aut scrībō ad vōs aut vestrās legō litterās, cōnficior lacrimīs.	***Immer wenn*** *ich euch schreibe oder eure Briefe lese, werde ich von Tränen überwältigt.*

- in der Verbindung **cum prīmum**, deutsch: **sobald** (**als**):

Cum prīmum mē cōnspexit, laetus mē salutāvit.	***Sobald*** *er mich erblickte, begrüßte er mich freudig.*

– in der Erzählung in Temporalsätzen, bei denen das Hauptgeschehen in den abhängigen Satz verlagert wird. Deutsch *als (plötzlich)*.

Vix ea fātus erat, cum circumfūsa repente scindit sē nūbēs ...	***Kaum** hatte er* (Aeneas' Gefährte) *das gesagt, **als** sich **plötzlich** die rings umhüllende Wolke teilte ...*

- **ut mit Subjunktiv** tritt auf:

– in Final- (Zweck-) und Konsekutiv- (Folge-) sätzen (▶ S. 81 ff). Deutsch *dass, damit, um ... zu* bzw. *so dass, so ... dass*.

– wie **cum** in Konzessivsätzen, die den Inhalt des übergeordneten Satzes mit einem widersprechenden Grund als unlogisch beschreiben; im übergeordneten Satz oft ein **tamen** *(dennoch)*. Deutsch neben *obwohl*: *selbst wenn, auch wenn*:

Vērum ut hoc nōn sit, tamen servet rem pūblicam.	*Selbst wenn das nicht der Wahrheit entspricht, dürfte es **doch** dem Staat nützen.*

– in Definitionssätzen (▶ S. 86). Deutsch *dass*.

- **ut mit Indikativ** dagegen findet sich:

– in Vergleichssätzen. Deutsch *wie* (**ita ... ut** *so ... wie*). Kontextuelle Variante ist *im Vergleich zu*:

Ita sēnsit, ut loquitur.	**Wie er redet, so dachte er.**

– in Temporalsätzen, meist in der Erzählung mit Perfekt; deutsch *wie, als, sobald*; oder mit Plusquamperfekt, deutsch *sooft, jedesmal wenn*:

Ut id audīvit Calpurnia, profecta est.	***Als** Calpurnia das hörte, brach sie auf.*
Ut cohortēs excubuerant, accessēre Pompēiānī.	***Jedesmal wenn** die Truppen draußen lagerten, rückten Pompejus' Leute an.*

- **dum** steht mit Indikativ, deutsch *während, solange als, solange bis*:

Dum spīrō, spērō.	*Solange ich atme (= lebe), hoffe ich.*

Mit Subjunktiv tritt **dum** auf, wenn die Äußerung bedingenden (konditionalen) oder zielgerichteten (finalen) Charakter hat:

Ōderint, dum metuant!	*Sollen sie uns hassen, **solange** sie uns **nur** fürchten!*
Rūsticus exspectat, dum dēfluat amnis.	*Der Bauer wartet ab, **bis** der Strom versiegt.*

▶ Anhang: Konjunktionen, S. 174.

Verneinung und verneinte Sätze

Die Verneinung von Wörtern und Sätzen funktioniert ähnlich wie im Deutschen, einige Dinge sollte man sich jedoch einprägen:

- Als selbstständige Verneinungswörter mit der Bedeutung *nicht* gibt es **nōn, nē** und **haud**.
  - **nōn** verneint Einzelwörter und ganze Aussagen (Verben);
  - **haud** (seltener) verneint vorwiegend Adjektive **(haud māgnus** *nicht groß*), seltener Verben **(haud sciō** *ich weiß nicht*)**;**
  - **nē** steht einmal in verneinten Wunsch- und Aufforderungssätzen und tritt außerdem als Konjunktion in der Bedeutung *dass/damit nicht* auf (▶ S. 77, 82).
  - **Nōn** bedeutet auch *nein!*, doch heißt es stattdessen z. B. eher **negō** (*ich sage nein*) oder **minimē** *keineswegs, mitnichten*.

- Als Verneinung in Wortzusammensetzungen gibt es **nĕ-, n-**, das jedoch nur selten vorkommt (**nesciō** *ich weiß nicht*, **numquam** *niemals* u. a. m.), sowie **in-** (≈ deutsch *un-*), etwa **inūtilis, -e** *unnütz, unbrauchbar*. Dieses **in-** wird in manchen Fällen in der Lautung an den folgenden Konsonanten angeglichen, z. B. **immortālis, -e** *unsterblich*, **impatientia** *Ungeduld*, **īgnōtus, -a, -um** *unbekannt*.

! Nicht verwechseln mit der gleichlautenden Vorsilbe **in-** nach der Präposition **in,** deutsch *in, hinein*, z. B. **ingressiō** *das Eindringen*. Wegweiser ist im Zweifelsfall der Sinn!
Doppelte Verneinungen heben sich normalerweise auf (**īgnōrāre** *nicht wissen*):

Nōn īgnōrō ...	**Ich weiß sehr gut, dass ...**

Andere Fälle sind selten:

Iūrā tē nōn nocitūrum esse nēminī.	*Schwöre, dass du **keinem** schaden wirst!*

Ein Fall ist für das Deutsche ungewöhnlich: Zwei aufeinander folgende verneint gedachte Begriffe zeigen im Deutschen nur eine Verneinung, z. B.

Nihil tam turpe neque tam inhonestum ...	***Nichts*** *ist so schändlich* ***und*** *unehrenhaft ...*

Fragesätze

Direkte (unabhängige) Fragesätze werden in Wort-, Satz- und Doppelfragen eingeteilt.

Wortfragen werden durch ein Fragepronomen eingeleitet:

Ubi fuistī?	***Wo*** *bist du gewesen?*

Satzfragen, also solche, auf die man mit Ja oder Nein antwortet, begegnen in verschiedener Form:

- Ohne sprachliches Signal, im Lateinischen dann nur am Fragezeichen, auch nicht an der Wortstellung erkennbar (bzw. im Text daran, dass eine Antwort folgt):

Clōdius insidiās fēcit Milōnī?	*Hat Clodius den Überfall auf Milo organisiert?*

- Mit dem Signal **-nĕ**, das an das erste Wort des Fragesatzes angehängt wird. Damit wird eine neutrale Frage eingeleitet (Antwort nicht beeinflusst):

Rūsnĕ aestāte ībitis?	*Fahrt ihr im Sommer auf das Land?*

- Mit dem Signal **nōnne**, meist am Satzanfang; die erwartete Antwort ist *ja, doch*:

Nōnne sentīs?	*Merkst du etwa nicht?*
Ex aede Iovis simulācrum nōnne abstulistī?	*Hast du das Standbild aus dem Jupitertempel etwa nicht fortgebracht?*

- Mit dem Signal **num** am Satzanfang oder vor dem Verb; die erwartete Antwort ist *nein*:

Num nimiō ēmptae esse aedēs tibī videntur?	*Meinst du etwa, das Haus wäre zu teuer gekauft?*

- Mit **num** *(ob...)* und **nōnne** *(ob...nicht...)* werden auch abhängige Fragen eingeleitet. Zu Fragen an die eigene Person und abhängigen Inhaltsfragen ▶ S. 77, 86.

Die *Doppelfrage* stellt zwei oder mehr Möglichkeiten zur Wahl; der zweite und jeder weitere Bestandteil wird mit **an** *oder* eingeleitet, der erste kann mit **utrum** oder **-ne** oder aber ohne Fragepartikel stehen:

(Utrum) rūs aestāte ībitis an in urbe manēbitis? **Rūsnĕ ... an in urbe manēbitis?**	*Fahrt ihr im Sommer auf das Land oder bleibt ihr in der Stadt?*

Aktiv und Passiv – Handlungsperspektiven

Je nachdem, auf welchen der an einem Geschehen beteiligten „Mitspieler" ein Sprecher/Autor sozusagen den Spot richten möchte, entscheidet er sich auch für ein bestimmtes Verb, das zur Handlung und zu diesem Mitspieler passt. Manche Verben erlauben dabei eine Entscheidung für die Form des Aktivs oder die des Passivs. In der Aktivform kommt dann zum Ausdruck, dass die Handlung vom sozusagen aktiven Mitspieler aus betrachtet wird *(der Hund bellt);* bei der Passivform steht der bzw. das von der Handlung Betroffene im Blickpunkt. Zu den Verben, die diese Blickumkehrung erlauben, zählen die so genannten transitiven Verben, die ein Akkusativobjekt nach sich ziehen: *Der Hund wird dressiert. Ich dressiere den Hund*, aber nicht: **der Hund wird gebellt.*

Im Lateinischen ist ein guter Teil der Passivformen so wie die Aktivformen einteilig **(regō – regor)** und daher für uns vielleicht weniger auffällig, im Deutschen hingegen sind sie allesamt mehrteilig (*ich lenke - ich werde gelenkt*). Bis auf diese formalen Unterschiede stecken im Lateinischen hinter der Entscheidung für eine Passivform in der Hauptsache die gleichen Prinzipien wie im Deutschen.

! Doch die Formen des Passivs übernehmen – **typisch lateinisch** – noch eine weitere Aufgabe: Das Passiv dient auch zur Bezeichnung solcher Vorgänge, bei denen „aktiver" und „passiver" Mitspieler identisch sind oder ein aktiver Mitspieler nicht erkennbar ist; das sind:

REFLEXIVE AUSSAGEN:	
Lavor (oder **mē lavō**) **Flūmen in mare funditur.**	*Ich wasche **mich**.* *Der Fluss ergießt **sich** ins Meer.*
ODER BESTIMMTE SCHEINBAR SELBSTTÄTIG ERFOLGENDE VORGÄNGE:	
Fortūna vitrea est: tum cum splendet, frangitur.	*(Das Glück ist aus Glas: gerade wenn es glänzt, bricht es): Glück und Glas, wie leicht **bricht** das.*

Die Umgebung einer Passivform solltest du also genau daraufhin prüfen, welche und welcher Art Mitspieler du ausmachen kannst. Immer dann, wenn ein *persönlicher* Handlungsauslöser („Agens“) genannt wird oder denkbar erscheint, liegt ein normales Passiv nahe. In anderen Fällen spielt (genannt oder ungenannt) oft ein *Grund* oder ein *Instrument/(Hilfs-)Mittel* mit. In jedem Fall ergibt sich der Schlüssel für das Verständnis und damit die Übersetzung aus der Sinnbeziehung zwischen Subjekt und Verb und darüber hinaus zwischen eventuellen weiteren Mitspielern:

Īnstrūmenta epulārum camēlīs vehēbantur.	*Das Tafelgeschirr* ***wurde*** *auf/mit Kamelen* ***herangeschafft****.*
Tergore piscis Pēleos in thalamōs vehitur Thetis.	*Auf dem Rücken eines Fisches* ***reitet*** (die Meeresnymphe) *Thetis in Peleus' Schlafgemach.*

Auch im Lateinischen muss ein Verb nicht zwangsläufig eine Passivform annehmen, wenn es einen reflexiven oder intransitiven (auf das Subjekt bezogenen) Vorgang bezeichnen soll, etwa **mōns movētur** oder **movet** *der Berg zittert*.

▶ Deponentien S. 49

Im Abseits oder ausgeblendet: der Täter

a) In den meisten Passivsätzen – auch den deutschen – ist der Täter oder Handlungsauslöser (Agens) ausgeblendet. Wird er genannt, geschieht das lateinisch in Form einer Angabe im Ablativ mit der Präposition **ā/ab**, wenn es sich um *Personen* handelt:

Rōmānī apud Cannās ā Carthāginiēnsibus victī sunt.	*Die Römer wurden bei Cannae* ***von*** *den Karthagern besiegt.*

b) In den anderen Fällen fasst das Lateinische den Urheber als *Werkzeug* oder *Grund* auf; dann steht der reine Ablativ:

Rōmānī apud Cannās Hannibalis equitātū victī sunt.	*Die Römer wurden bei Cannae* ***durch*** *Hannibals Reiterei besiegt.*
Rōmānōrum cōpiae impetū Carthāginiēnsium dēprehēnsae erant.	*Die Truppen der Römer waren* ***vom*** *Angriff der Karthager überrascht worden.*

Anzutreffen ist hier auch die Präposition **per** *durch, mittels*:

Per insidiās interceptī sunt duo quaestōrēs Rōmānī.	***Durch einen Hinterhalt*** *wurden zwei römische Steuerbeamte abgefangen.*

c) Wird der Urheber – wie eben meistens – nicht genannt, ist das im Wesentlichen durch zweierlei begründet:

- Der Urheber ist schon erwähnt, bekannt oder nicht wichtig; das Interesse des Sprechers zielt auf das Geschehen und das davon Betroffene:

Dictō citius mercēs allātae sunt.	*Schneller als gesagt wurden die Waren herbeigeschafft.*

- Der Urheber bzw. Grund soll bewusst ausgeblendet, verschwiegen werden:

Omnēs eōdem cōgimur.	*Alle werden wir zum selben Ort gezwungen* (d. h. vom Tod).

Unpersönliches Passiv

Bei nicht passivfähigen Verben dient die 3. Person Singular des Passivs wie im Deutschen dazu, einen scheinbar täterlosen Vorgang zu bezeichnen; für die Übersetzung bietet sich oft das verallgemeinernde *man* an:

Hīc saltātur. *Hier **wird** getanzt.*
Sērō adventum est. *Spät kam **man** an.*

Eine derartige verallgemeinernde Äußerung lässt sich auch in Form der 3. Person Plural oder der 2. Person Singular des Aktivs tun: **dīcunt** *man sagt,* **crēdideris** *man könnte glauben.*

Vorgangspassiv – Zustandspassiv

Anders als das Lateinische unterscheidet das Deutsche zwischen

- Vorgangspassiv: *ich werde (wurde) betrogen* und
- Zustandspassiv: *ich bin (war) betrogen.*

Das lateinische Passiv deckt im Perfekt bzw. Plusquamperfekt grundsätzlich beide Aspekte ab: Unter **dēceptus/-a sum** ist je nach Kontext *ich wurde betrogen* oder *ich bin betrogen* zu verstehen. Aber auch in manchen anderen Fällen bevorzugt das Deutsche das Zustandspassiv:

Cōgor … *ich bin/sehe mich gezwungen zu…*
Lēge scrībitur:… *Im Gesetz steht geschrieben …*

Die Wahl von Aktiv oder Passiv ist also als ein wichtiges Mittel der Verstehenslenkung und Partnertaktik zu sehen. Die Wahl liegt weitestgehend im Ermessen des Sprechers und ist damit auch von großer stilistischer Bedeutung, weil davon die Weise abhängt, ob und wie ein Handlungsbeteiligter ins Blickfeld des Hörers/Lesers gerückt wird. Außerdem ist es mit dem Passiv möglich, bei ganz unterschiedlichen Vorgängen die Perspektive ein und desselben Elementes beizubehalten („Im Sommer weiden die Kühe auf der Alm, im Winter werden sie ins Tal auf den Hof hinabgetrieben…“).

„So I've been told ...“

Vielleicht kennst du diese englische Ausdrucksweise, die im Deutschen so nicht möglich ist, wohl aber im Lateinischen; manche Wörter, die bei uns nicht passivfähig sind, sind es in anderen Sprachen:

Multum aurī exstitisse nārrātus/-a sum in rīpīs Sacrāmentī flūminis.	*There is plenty of gold, so* ***I've been told****, on the banks of Sacramento.*

In Fällen wie diesen kommt man nicht umhin, im Deutschen umzuformulieren, etwa: ... *hat man mir erzählt* ...

Eine solche passivische Ausdrucksweise ist im Lateinischen nach Inhaltsverben wie **dīcere** (*sagen*), **trādere** (*überliefern*), **iubēre** (*befehlen*), **sinere** (*zulassen*), **audīre** (*hören*) u. Ä. möglich; wichtig ist insbesondere auch **vidērī** (das Passiv von **vidēre** *sehen*), das hier die Bedeutung *scheinen, offensichtlich sein* annehmen kann:

Thalēs philosophus prīmus sōlis dēfectiōnem praedīxisse trāditur.	***Der Überlieferung nach hat*** *der Philosoph Thales als Erster eine Sonnenfinsternis* ***vorhergesagt****.*
Nōn omnēs beātī sunt, quī beātī esse videntur.	*Nicht alle sind glücklich, die glücklich* ***zu sein scheinen****.*
Decemvirī librōs Sibyllīnōs adīre atque īnspicere iussī sunt.	*Das Zehnmännerkollegium* ***bekam den Auftrag****, sich die Sibyllinischen Bücher vorzunehmen und sie* ***zu prüfen****.*

Der Aussageinhalt dieser Verben erscheint im Lateinischen bei passivischer Verwendung im Infinitiv, Ergänzungen dazu im Nominativ.

Das Lateinische kann bei einzelnen Verben mit einem Passiv sogar ein Akkusativobjekt verbinden; vergleichen lässt sich dazu beispielsweise das englische *I was told a story*.

Bovēs anniculae fēcunditātem poscuntur.	*Von einjährigen Kühen verlangt man Fruchtbarkeit.*

5 Das Verb als Manager des Satzes – Verb und Kasus

Des Pudels Kern

... hat hier nichts mit Mephisto in Goethes „Faust“ zu tun, und ihm haftet auch nichts Teuflisches an (wenngleich manche das beim Latein anders sehen möchten). Es geht hier nur darum, dass das Verb als Prädikat den Kern einer Äußerung (eines Satzes) bildet. Allerdings: Wie Mephisto kann das Prädikat verschiedene Gestalten annehmen.

Kongruenz

Kongruenz von Subjekt und Prädikat

Zunächst: Entscheidend mitbestimmt wird (nicht anders als im Deutschen) das Prädikat durch das Subjekt, beide sind auf unauflösliche Weise miteinander verbunden: durch die „Kongruenz“ (Übereinstimmung) von Singular und Plural, etwa

Canis **lātra**t. *Ein Hund bell**t**.*	Avēs **canta**nt. *Vögel singe**n**.*
Canēs **lātra**nt. *Hunde belle**n**.*	**Ill**a **av**is **nōn canta**t. *Jene**r** Vogel sing**t** nicht.*

Gleichsam automatisch greifen „Zapfen und Nut“ grammatikalisch ineinander.

Darüber hinaus gilt natürlich, dass Subjekt und Prädikat von der Bedeutung her zueinander passen („solidarisch sein“) müssen. Wo das nicht im „üblichen“ Sinn der Fall ist, kann man in der Regel eine besondere Absicht des Sprechers/Autors vermuten. Diese Fälle sind in der Muttersprache leichter nachzuvollziehen als in einer fremden, erst recht in einer so fernen wie dem Lateinischen; einfaches Beispiel: *Die Nacht steht still und schweiget...* (Personifikation).

Da der Sinn jedoch immer Herr der Grammatik ist, kannst du auch im Lateinischen in bestimmten Fällen damit rechnen, dass einem Subjekt im Singular ein Prädikat im Plural beiseite steht:

Māgna multitūdō lapidēs tēlaque coniēcērunt. *Eine große Menschenmenge schleuderte Steine und Wurfgeschosse.*

Die Kongruenz von Singular bzw. Plural bei Subjekt und Prädikat ist ein elementares Merkmal für die Erschließung des lateinischen Satzes.

! Achte auch auf sog. „verdeckte Subjekte“: Im folgenden Beispiel verweist das **-t** in **cōnsistit** auf den im Satz zuvor genannten Wolf:

Lupus ad rīvum cucurrit; in rīpā cōnsistit.	*Der Wolf lief zum Bach; [er] blieb am Ufer stehen.*

Gestalten des Prädikats

Das Prädikat kann in verschiedenen Formen auftreten, in erster Linie als *einfaches* und als *mehrteiliges* Prädikat. Dieser Art Prädikat liegt ein *Vollverb* zugrunde, z. B.:

Mittō (epistulam).	*Ich schicke (einen Brief).*
(Epistula) missa est.	*(Ein Brief) wurde geschickt.*

Vollverben allein reichen jedoch sprachlich zur Bildung von Prädikaten nicht aus; ihnen treten *zusammengesetzte Prädikate* an die Seite. Diese bestehen aus

- Verb mit schwacher Bedeutung + Infinitiv eines Vollverbs, etwa:

Loquī incipiō.	*Ich beginne zu reden.*
Cantāre nōn sciunt.	*Sie können nicht singen.*

- Verb mit schwacher eigener Bedeutung (meist Hilfsverb **esse** *sein*) + Nomen (Adjektiv oder Substantiv), sog. Prädikatsnomen, mit Bezug zum Subjekt, etwa:

Epaphrodītus grammaticus est.	*Epaphroditus ist Grammatiklehrer.*
Vībia pulcherrima est.	*Vibia ist bildschön.*

  Das Prädikatsnomen stimmt in Kasus, Numerus (Singular/Plural) und Genus mit dem Subjekt überein.

- Verb mit schwacher Bedeutung + Nomen (Adjektiv oder Substantiv), sog. Prädikatsnomen, mit Bezug zum direkten (Akkusativ-)Objekt; das Nomen füllt die Bedeutung des Verbs mit Sinn auf, etwa:

Pompēius maria tūta reddidit.	*Pompejus machte die Meere sicher.*
Senātus Cicerōnem cōnsulem creāvit.	*Der Senat wählte Cicero **zum** Konsul.*

  – Das Prädikatsnomen stimmt, wenn es Adjektiv ist, in Kasus, Numerus (Singular/Plural) und Genus mit dem direkten (Akkusativ-)Objekt überein, sonst mindestens im Kasus (doppelter Akkusativ).

- Bei bestimmten Prädikatsnomen im Objekt verlangen manche deutsche Verben eine verdeutlichende Präposition wie oben ***zum*** *Konsul wählen* oder:

Magister vōs vafrōs nōmināvit.	*Der Lehrer bezeichnete euch* ***als*** *spitzfindig.*

- Verb mit schwacher Bedeutung (vorwiegend **esse** *sein*) + Nomen im Genitiv, Dativ oder Ablativ. Diese Prädikate sind aussagemäßig auf das Subjekt, aber auch auf das Objekt bezogen; ihre Nomen-Bestandteile weisen jedoch mit diesen keine Kongruenz auf:

est/sunt (o. a.) + Nomen im Genitiv, Dativ oder Ablativ

Näheres bei den einzelnen Kasus (▶ S. 109, 113, 116, 122, 128).

Die Kongruenz von Subjekt bzw. Objekt und Prädikatsnomen

Illa mulier pulcherrima est.	*Die Frau dort ist bildschön.*
Hic piscis mihī esculentus esse vidētur.	*Dieser Fisch scheint mir essbar zu sein.*
Pompēius et mare Aegaeum ā pīrātīs tūtum reddidit.	*Pompejus machte auch das Ägäische Meer vor Piraten sicher.*
Illud vīnum – estne indigena?	*Jener Wein – ist er von hier (einheimisch)?*

Während im Deutschen alle Adjektive, die nicht vor ihrem Substantiv stehen, keinerlei Abwandlungen der Form zeigen (*der Wein ist trocken, man bringt den Fisch frisch auf den Tisch,* auch als Attribut *„Röslein rot“*; dagegen *frischer Fisch, rote Rose*), verdeutlichen lateinische Adjektive in *jeder* Funktion ihre Zugehörigkeit zum jeweils passenden Wort auch durch ihre grammatische Form. Der Begriff dafür ist ebenfalls „Kongruenz“. Die andere Sachlage im Deutschen zeigt ihrerseits jedoch wieder, dass die *Sinnbeziehung* primär ist.

Das soll an dem obigen (wenn auch in dieser Form seltenen) Beispiel (Neutrum) *lokaler Wein* illustriert sein. Das Wort **indigena** existiert als Substantiv und Adjektiv nur in dieser einen Gestalt. Kongruenz heißt also nicht gleiches Aussehen der Form, sondern nur grammatikalisches Zusammenpassen der Wörter als Ausdruck der Sinnbeziehung.

Beachte:

- Das Prädikatsnomen muss sich im Genus nicht nach dem grammatischen Subjekt (hier Nom. Pl. n.: **mīlia)** richten, sondern kann auch dem Sinn folgen:

Duo mīlia captīvōrum redēmptī sunt.	*2000* ***Gefangene*** *wurden verkauft.*

- Das Prädikatsnomen kann bei mehreren Subjekten, wenn es sich um Sachen handelt, im Singular stehen und sich im Kasus nach dem nächststehenden richten; es kann dann aber auch im Neutrum Plural gehalten sein:

Terra et aqua et āēr et ignis ā deō creātus est.	*Erde, Wasser, Luft und Feuer wurden von Gott erschaffen.*
Honōrēs et dīvitiae cadūca sunt.	*Ehre und Reichtum sind vergänglich.*

- Bei mehreren Subjekten von verschiedenem biologischen Geschlecht dominiert das Maskulinum:

Antōnius et Cleopatra amōre perditō inter sē sunt incēnsī.	*Antonius und Kleopatra entbrannten in heilloser Liebe zueinander.*

Verb, Spielplan und Mitspieler – die Kasus

Eine kurze Überlegung vorweg: Es ist nicht so, dass alles nur gerade in der eigenen Sprache logisch wäre – man ist es nur so gewohnt. Es gibt Sprachen, in denen „der Tiger springt" (sinngemäß) mit „der Sprung tigert" ausgedrückt wird. Wie die Elemente, die Mitspieler eines Geschehens in Sätzen miteinander zusammengebracht werden, ist also in höchstem Grade sprachabhängig.

Genauso wenig ist das Lateinische logisch oder logischer, es hat nur seine Eigentümlichkeiten. Und die sind gegenüber dem Deutschen, einer verwandten Sprache von gleichem Typus, insgesamt gering. Nicht zuletzt bist du als Deutsche bzw. Deutscher sogar an eine breite Palette grammatikalischer Wortendungen gewöhnt.

Verlasse dich wie immer – denn sonst hätte das ganze System ja nicht funktioniert – auf den Sinn, die Sinnhaftigkeit jeder Äußerung, und da spielt eben das Verb eine zentrale Rolle: In ihm kommt zum Ausdruck, welche Mitspieler bei einem Geschehen, einer Handlung *denkbar* sind und daher *erwartet* werden *können* (sie *müssen* also nicht ausgedrückt sein).

Aus ihrer Bedeutung heraus „managen" Verben zwischen einem und vier die Handlung ausmachende Mitspieler (selten gibt es keinen, etwa **tonat** *es donnert*, oder scheinbar keinen wie z. B. **nunc saltātur** *jetzt wird getanzt*). Diese Mitspieler besetzen dann je nach sprachlichem „Spielplan" einen bestimmten grammatikalischen Platz im Satzgefüge (Subjekt, Objekt, weitere Angaben). Entweder erscheinen sie in einem der Kasus (je nach den sprachlichen Regeln mit oder ohne Präposition) oder auch in Form eines Satzes anstelle eines Kasus.

Zur Veranschaulichung

Medea ***floh ...*** → **mit wem ??** → **weswegen ??** → **vor wem ??** → **wohin ??** → **auf welchem Weg ??** → **von wo ??**	Das Verb *floh* schafft einen gedanklichen Rahmen beteiligter Elemente (Personen, Umstände, Orte usw.), der je nach Kontext und Wissen mit maximal den links stehenden Angaben aufgefüllt werden muss oder kann, hier: *mit* Iason – *wegen* ihrer Hilfe bei der Erlangung des Goldenen Vlieses – *vor* ihrem Vater – zunächst *nach* Iolkos – *über* das Meer – *aus* Kolchis

Etwas anderes ergibt sich bei folgender Konstellation:

Der Hauptmann beauftragt den Gefängniswärter: *„Hol mir den Gefangenen!" – Antwort:*	„Der Gefangene ist geflohen!"

In diesem Kontext bedarf der Satz rechts *zunächst* keiner weiteren Angaben.

- Genaueres wird bei der Besprechung der einzelnen Kasus deutlich. (Medea ist übrigens eine Gestalt aus der griechischen Sage, der Geschichte der *Argonauten.)*

Folgende Grundaspekte solltest du beim Lesen stets berücksichtigen:

- Dominanter Mitspieler ist in der Regel das Subjekt; seine Bedeutung und die des Verbs wirken gegenseitig aufeinander;

- Erlaubt das Verb von der Bedeutung her ein direktes Objekt, wirkt auch dieses in vielen Fällen auf die spezielle Bedeutung des Verbs zurück; ▶ Beispiel **colere** beim Akkusativ S. 109;

- Kommt ein zunächst denkbarer oder vermuteter Mitspieler, insbesondere in Form eines direkten Objekts, nicht vor, ist er entweder
  – schon erwähnt
  – bekannt oder als bekannt vorausgesetzt (!)
  – unwichtig
  – absichtlich unerwähnt, oder aber

a) das Verb erfährt eine Bedeutungsschattierung bzw. Modifikation (etwa *Julia liest ≈ beschäftigt sich mit Lesen* gegenüber *Julia liest einen Roman*),
b) das Verb verfügt bei unterschiedlichen Spielplänen oder unterschiedlicher Besetzung über unterschiedliche Bedeutungen. Diese Fälle sind glücklicherweise nicht so häufig, dann aber in der Regel nur durch konkretes Wortwissen lösbar (▶ Anm.).

Anm.: Ein Verb wie **cōnsulere**, das in verschiedenen grammatischen und bedeutungsmäßigen Kontexten auftritt, hat zwar einen erkennbaren Sinnkern um *Rat, Beratung, Plan* herum, doch dürfte es nicht unbedingt leichtfallen, ohne konkreteres Wissen vom Gebrauch dieses Wortes die jeweils unterschiedliche grammatische Umgebung zu interpretieren:

CŌNSULERE:

– **Croesus Lȳdōrum rēx Apollinem** deum **cōnsuluit**	*Der Lyderkönig Kroisos fragte den Gott Apollon um Rat.*
– **Cīvēs** dē commūnibus rēbus **cōnsuluērunt.**	*Die Bürger beratschlagten über die gemeinsamen Angelegenheiten.*
– **Naufragī** salūti **cōnsulēbant.**	*Die Schiffbrüchigen („trugen Sorge für ihre Rettung") suchten sich zu retten.*
– **Victor superbē** in captīvōs **cōnsuluit.**	*Der Sieger verfuhr arrogant mit/gegenüber den Gefangenen.*

Der Unterschied kann aber auch sprachtypisch sein, etwa bei einem Verb wie **persuādēre** *überreden, überzeugen*: Meist dirigiert es einen Mitspieler im Dativ (manchmal Akkusativ). Der im Deutschen vorliegende Unterschied zwischen *überreden* und *überzeugen* kommt dann entweder nur kontextuell heraus oder wird durch eine Angabe zum Inhalt des **persuādēre** in Form eines AcI (▶ S. 142): *davon überzeugen, dass...* oder der Angabe eines Ziels mit der Konjunktion **ut**: *dazu überreden, dass...* deutlich.

Fünf Kasus für alle Fälle

Man kann versuchen, die einzelnen Kasus auf Grundbedeutungen festzulegen, aber das ist nicht sinnvoll. Hat das Lateinische mit dem Ablativ auch schon einen Kasus mehr, reichen auch diese bei weitem nicht „für alle Fälle" aus. Hinter den Kasus verbergen sich nämlich *Handlungsrollen*, die wir kraft unseres erlernten Wissens über die Welt ohne Probleme erfassen.

Zur Illustration: *Emily Brontë schrieb den Roman „Sturmhöhe".* *Emily Brontë* ist Nominativ, Subjekt und „Agens", d. h. tätiges Element; *den Roman* ... ist Akkusativ, Objekt und „Resultat".

Im entsprechenden Passivsatz (*Der Roman ... wurde von E. Brontë geschrieben.*) bleiben die bedeutungsmäßigen Rollen erhalten, aber die Kasus und die grammatikalischen Rollen werden vertauscht.

Oder: *Rom besitzt viele bedeutende Museen. Rom* ist Nominativ, Subjekt und „Ort“; *Museen* ist Akkusativ, Objekt und „lokalisierter Gegenstand“. Eine Umkehrung wie im vorhergehenden Satz funktioniert nicht (**Viele Museen werden von Rom besessen.*), jedoch etwa so: *Viele Museen sind in Rom vorzufinden.*

Darüber, wie viele solcher Handlungsrollen anzunehmen sind, herrscht bisher kein endgültiges Einvernehmen; nach einem Modell sind es einundzwanzig. Stelle dir nun einundzwanzig Kasus vor (oder noch mehr) – das hätte vermutlich nicht einmal ein Cicero bewältigt!

Wir sehen also: Die Kasus haben eine Filter-, eine Sortierfunktion, und was sie an Genauigkeit nicht leisten (können – Sprache ist ökonomisch), tun wir kraft unseres Weltwissens hinzu – gelenkt im Wesentlichen von der Bedeutung des Verbs. Es reicht, dass die einzelnen Kasus sozusagen einige Hauptrollen besetzen und dabei die Mitspielerrollen differenzieren helfen, der Rest erledigt sich über den Sinn. Sehr selten entscheiden verschiedene Kasus über den Sinn.

Die Kongruenz von Kasus, Numerus und Genus

Wie nach dem Bisherigen zu erwarten, verlangt das Lateinische auch bei zusammengehörigen Adjektiven und Substantiven die vollständige Übereinstimmung von Kasus, Numerus und Genus, in der Grammatik als **KNG-Kongruenz** bezeichnet.

Die Kongruenz ist damit eine große Hilfe beim Verstehen lateinischer Texte. Allerdings setzt sie weitgehend die Kenntnis der Wörter voraus, damit man die vorhandenen Zuordnungen überhaupt erkennt.

KONGRUENZ: ZUSAMMENPASSENDE WORTFORMEN		
canis **mordā**x	**seni**bus **can**is	**mulier**um **bon**ārum
*d**er**/ein bissig**e(r)** Hund Ø*	*grauhaarig**en** Greis**en***	*schön**er** Frau**en**, **der** schönen Frau**en***

Andererseits aber ist die Kongruenz auch ein mächtiges Werkzeug für lateinische Autoren bei der kunstvollen, intentionsgeleiteten Ausgestaltung ihrer Texte. Und da es diesen Autoren offenbar ein Genuss (oder ein Bedürfnis) ist, die Möglichkeiten der Kongruenz bei der Wortstellung im Satz manchmal bis an die Grenze (oder auch über sie hinaus – wer weiß das?) auszureizen, bleibt das Textverstehen für uns häufig ein geduldiges Nachvollziehen der *Spannungsbögen*, die sich dabei zwangsläufig auftun und oft ein komplexes Geflecht ergeben:

(Fast) jedes Wort im Text eröffnet eine bedeutungsmäßige Leerstelle, der man gegebenenfalls mit der Methode „eins (zwei, drei, ...) im Sinn" nachspüren muss. Dann aber hilft neben unserem Verstand wieder die Kongruenz.

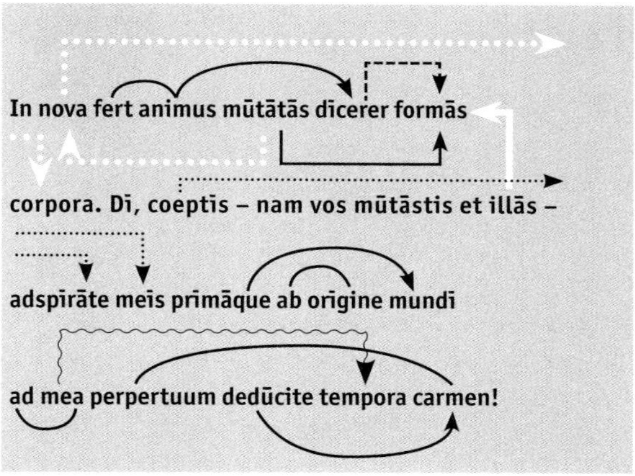

Spannungsbögen, aufgezeigt an den ersten Versen von Ovids „Metamorphosen": *Von in neue Körper verwandelten Gestalten drängt es mich zu erzählen. Götter, meinem Beginnen – ihr habt ja auch jene verwandelt – steht bei, und vom Uranfang der Welt bis in meine Zeit begleitet mein Lied!*

- Also: Ohne das relativ komplexe Kasussystem des Lateinischen kein derartiges Kongruenzsystem, ohne dieses Kongruenzsystem nicht die mächtigen Stilmöglichkeiten variabler Wortstellung, ohne die variable Wortstellung nicht diese zum großen Teil kunstvollen lateinischen Texte; ohne Kongruenz auch nicht viele typisch lateinische grammatische Strukturen. Ein *basic Latin* reicht dafür nicht aus. Aber man liest auch keinen Thomas Mann mit *basic German*.

Die Domänen der Kasus

Weil im Lateinischen die Grammatik allein durch die Formen viel präsenter ist als in anderen Sprachen, ein paar allgemeine Bemerkungen vorab. Sie sollen dazu verhelfen, gerade auf die wesentlichen Dinge zu achten. So spielen die Kasus im Satz verschiedene Rollen; sie können sein

- auf der Ebene des Satzes *selbstständig* als
  – Mitspieler der Verbhandlung (im Verb-Spielplan enthalten), etwa:

Maurice	***zerschmiss***	*das Fenster*	*mit einem Stein.*
Täter (Agens)	Sinnzentrale	Objekt	Mittel (Instrument)

– Kulissen, situative Einbettung bzw. Umrahmung der Verbhandlung, z. B.:

Claire und Leander trafen sich beide **des Abends bei bester Laune.**

- auf der Ebene von Wortgruppen entweder *kongruierend* oder (seltener) *selbstständig als*
  – *sinntragender Teil des Prädikats* (▶ S. 98),

Juliane	***ist***	*Künstlerin.*	Prädikatsnominativ
Bist	*du*	*des Teufels?*	Prädikatsgenitiv

  – Attribute zu anderen Nomen:

das Fenster ***des*** *Nachbarn*

die Tür ***zum*** *Hof*

Viele Adverbien (▶ S. 30) sehen aus wie Kasus (z. B. **palam** *öffentlich*, **rursus** *zurück, wieder*, **forīs** *draußen*) und sind auch als solche erklärbar (wie z. B. deutsch *des öfteren, eines Tages*). Ihre Rolle auf Satzebene oder Wortgruppenebene wird aber spätestens im Kontext mit den übrigen auftretenden Mitspielern klar.

- Bei der Darstellung der einzelnen Kasus im Folgenden werden zur Veranschaulichung deren mögliche Endungen (Ausgänge) aufgeführt. Daraus aber wird auch deutlich, dass sie keine eindeutige Hilfe beim Erkennen eines Kasus bieten. Das Zeichen Ø („Null") bedeutet: keine Endung.

Außer beim Nominativ ist bei allen Kasus immer eine Wortgruppe aus Präposition und Kasus möglich.

Die Kasus auf Wortgruppenebene

- Als Attribut findet sich hauptsächlich der Genitiv, sehr selten der Ablativ und ganz selten der Dativ. Der Nominativ kann im Fall der „Beifügung" (Apposition) ebenfalls Attribut sein („Kaiser Augustus"). Als Attribute mit Präpositionen finden sich nur Ablativ und Akkusativ. Beispiel mit Genitiv: *der Tempel des Jupiter*.

- Im Zusammenspiel mit dem Infinitiv findet sich der Akkusativ in Subjektsrolle: *Akkusativ mit Infinitiv* (▶ S. 142).

- Im Zusammenspiel mit dem Partizip findet sich der Ablativ in Subjektsrolle; *Ablativus absolutus* (▶ S. 134).

- Als Bedeutungsteil eines zusammengesetzten Prädikats (Prädikatsnomen) dient hauptsächlich der Nominativ, doch auch alle (!) anderen Kasus können diese Aufgabe übernehmen: *Augustus war römischer Kaiser.*

Die Kasus auf Satzebene

Die Kasus als Satzglieder spielen im Lateinischen ihre Rollen in folgender recht klarer Rangordnung:

- Subjekte stehen immer nur im Nominativ;
- als Objekt dient zunächst und zumeist der Akkusativ; danach kommt der Dativ, sehr selten der Genitiv und ebenfalls sehr selten der Ablativ;
- In der Rolle einer adverbialen Angabe findet sich im Lateinischen vorwiegend der Akkusativ mit Präposition, es folgt der Ablativ, darauf der Akkusativ ohne Präposition, sehr selten kommt der Genitiv vor. Der Dativ ist sehr häufig in seiner Rolle nicht festzulegen.

Der Nominativ

Signale:

Sg.	**Ø**	**-us**	**-um**	**-ū**	**-a**	**-s (-x)**	**-ēs**
Pl.	**-ī**	**-a**	**-ae**	**-ēs**			Ø ≈ Null

Hauptsächlich sehr viele Substantive der gemischten Deklination enden im Singular auf Ø (**sōl** *Sonne*, **homō** *Mensch, Mann*). Gut erkennbar sind bestimmte wiederkehrende Wortbildungselemente wie **-tās, -tūdō, -tūs, -tiō, -tor, -or.**

Die Neutra, außer denen auf **-um**, enden im Nominativ Singular ebenfalls auf Ø und können ganz verschieden aussehen; häufige Ausgänge sind **-us, -men**, bei Adjektiven **-e** (**breve**); andere Beispiele: **caput** (*Haupt*), **cor** (*Herz*), **mel** (*Honig*), **rōbur** (*Kraft*). Adjektive wie **audāx** (*kühn*) oder **legēns** (*lesend*) können in dieser Form auch Neutrum (und damit auch Akkusativ) sein!

DER NOMINATIV TRITT AUF ALS		
Subjekt	Prädikatsergänzung beim Verb	Anrede

1. Hauptaufgabe des Nominativs: Subjekt

Die Rolle des Nominativs entspricht derjenigen im Deutschen. Er ist als Kasus des Subjekts der am engsten mit dem Prädikat kooperierende Kasus; er bezeichnet in einer Äußerung den Ausgangspunkt der Beschreibung einer Handlung.

Mit der Wahl des Subjekts trifft der Sprecher/Autor weitreichende Entscheidungen für die Satzstruktur (Aktiv – Passiv).

Hinsichtlich seiner semantischen (bedeutungsmäßigen) Rolle ist der Nominativ nicht festgelegt – vom „Täter" (*X schreibt*) über den „Empfänger" (*X erhält*) zum „Grund" (*X löst … aus*), vom „Ort" (*X enthält*) oder „Mittel" (*das Messer schneidet*) bis zum „Betroffenen" (*X wird erzogen*) u. a. m. kommt prinzipiell alles in Frage.

Puer mātūrē dentiit.	*Der Knabe bekam früh Zähne (zahnte).*
Ad rīvum eundem lupus et āgnus vēnerant.	*An dasselbe Ufer kamen einmal Wolf und Lamm (waren … gekommen).*
Tempora mūtantur, nōs et mūtāmur in illīs.	*Die Zeiten ändern sich, und wir ändern uns mit ihnen.*
Ventus, quī circā arborem finditur, sībilat.	*Der Wind, der sich um den Baum herum teilt, pfeift.*

In literarischer Sprache kann die Passivperspektive die Personifikation des Subjekts bedeuten:

Serae clausēre omnēs domōs.	*Die Riegel verschlossen alle Häuser.*
Dichterisch statt: **Omnēs domūs seris clausae sunt.**	*Alle Häuser wurden durch Riegel verschlossen.*

2. Der Nominativ als Prädikatsergänzung

In dieser Funktion kongruiert der Nominativ als Prädikatsnomen mit dem Subjekt (▶ S. 98); in den Beispielen hier zeigt sich nochmals die Kongruenz:

Ille lapis māgnēs appellātus est ab inventore.	*Dieser Stein* ***wurde*** *von seinem Finder* ***Magnet genannt.***
Hērēdis flētus sub persōnā rīsus est.	*Des Erben* ***Weinen ist Lachen*** *unter der Maske.*

Bei Verben mit der Bedeutung *machen zu* ist zu beachten, dass das Prädikatsnomen im Deutschen mit einer Präposition wie *zu* versehen werden muss:

Cincinnātus dictātor cōnsēnsū omnium dictus est.	*Cincinnatus* ***wurde*** *mit Zustimmung aller* ***zum Diktator bestimmt.***

Zur Rolle als Prädikativum ▶ S. 136.

3. Außerdem
Die Nominativformen werden auch für die Anredeform verwendet, wenn kein Vokativ (wie bei **ō Brūte!** *o Brutus!* oder **filius – mī filī!** *mein Sohn!*) vorhanden ist: **Propitiī sītis, ō dī immortālēs!** *Bitte seid huldvoll, ihr unsterblichen Götter!*

Der Akkusativ

Signale:

Sg.	**-um**	**-am**	**-em**	**-im**	**ø**
Pl.	**-ōs**	**-ās**	**-ēs**	**-īs**	**-a (-ia)**

Alle Neutra enden im Plural ohne Ausnahme auf -a (-ia). Der Akkusativ lautet bei ihnen immer wie der Nominativ. Sonst sind typisch im Singular das -m und im Plural der lange Vokal vor -s. (Allerdings wird die Länge in gedruckten Texten in der Regel nicht bezeichnet.)

Der Akkusativ begegnet entweder als reiner Kasus oder begleitet von Präpositionen. Grundsätzlich kann ein präpositionaler Akkusativ auch für einen anderen Kasus stehen.

DER AKKUSATIV TRITT AUF ALS				
1. Objekt	2. Objekt	Kasus nach Präposition	AcI-Subjekt	Ergänzung zum Adjektiv

1. Hauptaufgabe des Akkusativs: Objekt
Ist am Handlungsgeschehen neben dem Subjekt ein weiterer Mitspieler beteiligt, tritt dieser in der überwiegenden Zahl der Fälle als (direktes) Objekt auf; der im Lateinischen wie im Deutschen dafür reservierte Kasus ist der Akkusativ.

Das direkte Objekt wirkt besonders auf die konkrete Bedeutung ein, die das jeweilige Prädikat hat. Ein besonders eindrückliches Beispiel dafür ist das Verb **colere (coluī, cultum); bei verschiedenen Objekten ergibt sich:**

COLERE		
urbem *in der Stadt* ***wohnen***	**hortum** *einen Garten* ***bestellen***	**vītēs** *Reben* ***anbauen***
mīlitēs *Soldaten* ***versorgen***	**corpus** *den Körper* ***pflegen***	**studia** *Studien* ***betreiben***
Cererem (deam) *Ceres* (Göttin) ***verehren***	**sacra** *Opfer* ***feiern***	u. a. m.

Natürlich ist in jedem dieser Fälle auch ein jeweils anderes Subjekt zu erwarten, etwa vom **rūsticus**, dem *Bauern*, bis zur **virgō**, der *jungen Frau.*

Außerdem sind Subjekt-Nominativ und Objekt-Akkusativ über den Weg der Aktiv-Passiv-Wahl miteinander austauschbar (dies gilt aber nicht ohne Einschränkung für jeden Akkusativ, ▶ S. 103). Die anderen Kasus im Satz behalten dabei ihre Funktion – das Akkusativobjekt spielt also im Vergleich zu ihnen eine besondere Rolle.

a) In den weitaus überwiegenden Fällen liegen die lateinischen und deutschen Verben beim Akkusativ parallel:

Ipse trucem hostem ictū cōnfēcit ... et ... augēbat fidūciam mīlitis.	*Persönlich brachte er einen ungestümen Feind mit einem Hieb um und vermehrte so das Vertrauen des gemeinen Soldaten.*

b) Häufiger als im Deutschen begegnet ein sog. inneres Objekt, das sozusagen aus dem Verb herausgezogen wird und seiner Bedeutung z. B. einen pathetischen Anstrich geben kann:

Māgnā vōce iūrāvī vērissimum iūsiūrandum.	*Mit fester Stimme schwor ich einen tief aufrichtigen Eid.*

c) Bei manchen Verben verwendet das Deutsche jedoch keinen Akkusativ, sondern einen Dativ oder eine Präposition + Kasus (Präpositionalobjekt); lasse dich wie immer vom Sinn des Verbs leiten:

Fortēs fortūna adiuvat.	*Den Tüchtigen hilft das Glück.*
Īnsāniam tuam, quōquō tē dūxerit, sequeris.	*Du folgst deinem Wahnsinn, egal wohin er dich führt.*
Hostēs rēs frūmentāria dēficere coepit.	*Den Feinden begann das Getreide zu fehlen.*
Cerva fugit lupum.	*Die Hirschkuh flieht vor dem Wolf.*
Aber: **Optimī ignōminiam fugiunt.**	*Die besten Charaktere fliehen ≈ meiden die Schande.*
Cavē canem!	*Hüte dich vor dem Hund!*
Amnis moenia praeterfluit.	*Der Fluss fließt an den Stadtmauern entlang.*

d) Bei Verben, die ein Objekt in Form eines Dativs, Ablativs oder eines Kasus mit Präposition haben, tritt dieses Objekt in den Akkusativ, wenn seine Stelle von einem Pronomen im Neutrum besetzt wird:

Litteris **studeō.**	*Ich treibe Wissenschaft.*	Hoc ūnum **studeō.**	*Nur damit befasse ich mich.*
Dē tuā voluntāte **dubitō.**	*Ich zweifle an deinem Willen.*	Id dubitō.	*Daran zweifle ich.*
Victōriā **glōriātī sunt.**	*Sie rühmten sich des Sieges.*	Illud **glōriātī sunt.**	*Sie rühmten sich dessen.*

e) Einzelne Verben aus den Bereichen *lehren, fordern, verheimlichen, fragen* haben zwei Objekte im Akkusativ; der zweite Akkusativ bezeichnet direkt den gemeinten Inhalt des Verbs; diese Struktur findet sich auch im Deutschen:

Rhētorēs Graecī Rōmānōs artem ōrātōriam **docuērunt.**	*Griechische Rhetoren lehrten* ***die Römer die Redekunst.***
Deī hominēs rēs futūrās **celant.**	*Die Götter verheimlichen* ***den Menschen die Zukunft.***
(formelhafte Wendung im Senat:) **„Dīc", inquit eī,** quem **prīmum** sententiam **rogābat, „quid cēnsēs?"**	*„Sag", sprach er zu dem,* ***den*** *er als Ersten* ***nach seiner Meinung*** *fragte, „was meinst du?"*

f) Einen doppelten Akkusativ erfordern auch Verben aus den Bereichen *halten für, machen zu, wählen/ernennen zu.*

aliquem sapientem/stultum **putāre**	***jemanden für weise/dumm*** *halten*
Ciceronem consulem **creāre**	***Cicero zum Konsul*** *wählen*

Im Passiv wird aus dem doppelten Akkusativ ein doppelter Nominativ:

Cicero consul creātus est.	*Cicero ist zum Konsul gewählt worden.*

g) Bei Verben der Bewegung gibt der Akkusativ das **Richtungsziel** an, allerdings nur im Falle von Ortsnamen (Städten und kleinen Inseln) sowie bei den Akkusativen **domum** *nach Hause* und **rūs** *aufs Land*; im Deutschen ist je nach Verb ggf. auch mit *in + Dativ* zu übersetzen (zum Startpunkt im Ablativ ▶ S. 126):

Rōmam, Corinthum, Athēnās, Puteolōs, Liparam **proficīscī, venīre.**	nach *Rom, Korinth, Athen, Pozzuoli, Lipari aufbrechen, kommen.*

Antium urbem advēnērunt.	*Sie kamen **in der** Stadt Antium an.*
domum petere *aber:* **in domum inīre**	***nach Hause** eilen* ***in das Haus** hineingehen*
Rōmae coëmpta pōma rūs intulērunt.	*Die in Rom aufgekauften Äpfel brachten sie **aufs Land**.*

h) Ganz wie im Deutschen bezeichnet der Akkusativ eine räumliche oder zeitliche Strecke oder Entfernung. Er steht auf die Fragen „wie hoch?, wie tief?, wie lang?, wie breit?, wie weit?, wie alt?, wie lange Zeit?"

Annōs iam trīgintā in forō versāris.	*Schon dreißig **Jahre bist du** in der Politik **aktiv**.*
Perpetuae fossae quīnōs pedēs altae dūcēbantur.	*Durchgehende **fünf Fuß tiefe** Gräben wurden gezogen.*
Marcus duodēvīgintī annōs nātus est.	*Marcus ist achtzehn **Jahre alt**.*

2. Der Akkusativ als Ergänzung zu Adjektiven

Gelegentlich bezeichnet der Akkusativ das Element, von dem ein Adjektiv, aber auch einem PPP, ein Merkmal bezeichnet (Adjektivergänzung). Genannt wird er in dieser Funktion *Accusativus graecus*, als Nachahmung der griechischen Akkusativkonstruktion, oder Akkusativ der Beziehung („in welcher Hinsicht?"). Häufiger ist im Lateinischen hier der Ablativ.

Apud Germānōs fēminae nūdae sunt bracchia et lacertōs.	*Bei den Germanen sind die Frauen **an Unter- und Oberarmen** („hinsichtlich" der ...) **nackt**.*
Hannibal ipse femur trāgulā graviter ictus cecidit.	*Hannibal selbst stürzte, **am Oberschenkel** von einem Wurfspieß schwer **getroffen**.*

3. Der Akkusativ mit Präpositionen

Auch als Kasus bei Präpositionen erfüllt der Akkusativ wichtige Aufgaben; nach den meisten Präpositionen steht dieser Kasus, z. B.:

ad	**ante**	**apud**	**contrā**	**inter**
zu, nach, an	*vor*	*bei*	*gegen*	*zwischen*
per	**post**	**propter**	**secundum**	**trāns**
durch, wegen	*hinter, nach*	*wegen*	*entsprechend*	*über ... hin*

4. Der Akkusativ im AcI

In der im Lateinischen weit verbreiteten Struktur des Akkusativs mit Infinitiv (AcI) übernimmt der Akkusativ dem Sinn nach die Rolle des Subjekts; Genaueres im entsprechenden Abschnitt (▶ S. 142).

5. Außerdem

Während die Nominativformen wie im Deutschen als Vokativformen zur direkten Anrede dienen, findet sich der Akkusativ zur Bezeichnung eines klagenden, verwunderten oder preisenden Ausrufs, der auf eine Person oder Sache zielt:

Ō tē fēlīcem!	*O du Glücklicher!*
Ō incrēdibilem audāciam!	*O diese unglaubliche Frechheit!*

Der Dativ

Signale:

Sg.	**-ō**	**-ae**	**-ī**	**-eī**	**-uī, -ū**
Pl.	**-īs**	**-ibus**			

! Der Dativ begegnet immer nur als reiner Kasus, anders als im Deutschen *nie* mit Präposition. In manchen Fällen ist ein Dativ aber mit einem präpositionalen Akkusativ (gelegentlich auch Ablativ) austauschbar.

DER DATIV TRITT AUF ALS			
Objekt	Ergänzung zum Adjektiv	Prädikatsnomen	mit esse „haben"

1. Hauptaufgabe des Dativs: Objekt

a) Tritt zum Subjekt ein weiterer Mitspieler, dessen Rolle bei der Aktiv-Passiv-Wahl als *nicht umkehrbar* mit der Rolle des Subjekts aufgefasst wird, erscheint dieser im Lateinischen wie im Deutschen hauptsächlich in der Form des Dativobjekts. Auch auf diesem Feld sind die beiden Sprachen zwar weitgehend, aber nicht immer deckungsgleich.

Präge dir ein, dass im Deutschen als Übersetzung also ggf. der Dativ oder Akkusativ, häufig aber auch eine Präposition + Kasus, insbesondere *für* und *zu* in Frage kommen.

Portus patet praedōnibus.	*Der Hafen steht den Seeräubern offen.*
Temeritās nostra nōn sōlum nōbīs, sed etiam reī pūblicae nocet.	*Unsere Unbesonnenheit schadet nicht nur uns, sondern auch dem Staat.*
Dī immortālēs mortālibus īrāscī cōnsuēvērunt.	*Die unsterblichen Götter pflegen den Sterblichen zu zürnen.*

b) Bei zahlreichen Verben sieht das Lateinische (Dativ) die Verhältnisse anders als das Deutsche (Akkusativ), etwa:

Etruscārum cīvitātium aliae Sullae, aliae Mariō favēbant.	*Ein Teil der etruskischen Städte favorisierte Sulla, ein anderer Marius.*
Aliī medicī morbīs, aliī oculīs medentur.	*Die einen Ärzte heilen Krankheiten, andere die Augen.*

Weitere wichtige Verben aus dieser Gruppe:

studēre	*sich um etw. bemühen, etw. betreiben*
invidēre	*beneiden*
parcere	*schonen*
persuādēre	*überreden, überzeugen* (u. a. m.)

c) Der Dativ steht auch auf die Frage „für wen? zu wessen Vorteil/Nachteil?" und wird deshalb in der Fachsprache *Dativus commodi*, Dativ des Vorteils genannt.

Nōn vītae, sed scholae discimus.	*Nicht* für *das Leben,* für *die Schule lernen wir* (ironisch gemeint im Original bei Seneca).
Nōn tibi sōlī nātus (-a) es.	*Du bist nicht **für** dich allein geboren.*
Messāna portus est prīmus Siciliae venientibus ā Bruttiīs.	*Messina ist der erste Hafen Siziliens **für** diejenigen, die aus Bruttium kommen.*

Eine Reihe von Verben tritt entweder mit Akkusativ- oder mit Dativobjekt (Dat. commodi) auf, jeweils mit unterschiedlichen Bedeutungen. Diese sollten bekannt sein, um die Äußerung zu verstehen:

+ AKKUSATIV	+ DATIV
periculum metuere/timēre *eine Gefahr fürchten*	**vītae metuere/timēre** *um/für das Leben fürchten*
rēs futūrās prōvidēre/prōspicere *die Zukunft vorhersehen*	**omnibus rēbus prōvidēre/prōspicere** *für alle Dinge Vorsorge treffen*
frūmentum cōpiis prōvidēre *im Voraus Getreide für die Truppen besorgen*	
oraculum cōnsulere *das Orakel befragen/um Rat fragen*	**rei publicae cōnsulere** *für den Staat sorgen*
canem cavēre *sich vor dem Hund hüten*	**sibi cavēre** *für sich sorgen/Vorsorge treffen*
rem pūblicam temperāre *den Staat ordnen/leiten*	**īrae temperāre** *den Zorn mäßigen*

d) Sieht der Spielplan eines Verbs – neben dem Subjekt – über ein Akkusativobjekt hinaus eine weitere Rolle vor, wird diese ebenfalls wie im Deutschen zumeist von einem Dativ besetzt; dies ist der Fall etwa bei Verben des *Gebens* und *Nehmens*, des *Mitteilens* usw.:

Tibi haec dīcō.	*Das sage ich dir/zu dir.*
Rūsticus Cereri āgnum immolāvit.	*Der Bauer opferte Ceres ein Lamm.*

Rechne grundsätzlich mit fachsprachlichen oder idiomatischen (für eine Sprache eigentümlichen) Wendungen, z. B. **causa** *Sache, Grund, Ursache→ Prozess*, **causam dīcere amīcō** *für einen Parteifreund ein Plädoyer halten* (statt des ohne Kontext grundsätzlich möglichen *„dem Freund einen Grund sagen"*). Im Zweifelsfall also besser das Wörterbuch konsultieren!

e) Der Dativ kann auch in einer weniger festen, semantisch (bedeutungsmäßig) nicht direkt vom Verb gesteuerten Beziehung zu diesem vorkommen: Erinnern wir uns daran, dass es der Sprecher/Autor ist, der im Spielplan Regie führt. Er verfügt damit über die Möglichkeit, über die unmittelbar beteiligten Mitspieler an einem Geschehen hinaus weitere Personen bzw. Sachen in das Geschehen sozusagen hereinzuholen. Sinn: Das Geschehen z. B. auf eine bestimmte Person/Sache zu beziehen oder deren Blickrichtung einzunehmen. Der Dativ hat in dieser Funktion den Namen *Dativus ethicus,* Dativ der Anteilnahme. Im Deutschen benutzen wir dazu ebenfalls den Dativ (jedoch seltener: *Komm du **mir** nach Hause!*) oder eine Präposition + Kasus, meist *für*:

Tū mihi istum dēfendis?	*Du verteidigst **mir** den da?*
Nē mihi clamāveritis !	*Macht **mir** keinen Lärm!*

f) Im Zusammenhang mit einem Gerundiv (▶ S. 138) und einer Form von **esse** bezeichnet der Dativ die eigentlich handelnde Person *(Dativus auctoris)*:

Epistula mihī scrībenda est.	*Ich muss den/einen Brief schreiben.*

2. Der Dativ als Ergänzung zu Adjektiven

Wie im Deutschen steuern verschiedene Adjektive den Dativ (commodi), wenn die formulierte Eigenschaft auf einen weiteren Mitspieler bezogen wird. Im Deutschen steht, wie schon bekannt, meist ebenfalls der Dativ oder eine Präposition + Kasus:

iūcundus, -a, -um *angenehm, interessant*	**perniciōsus, -a, -um** *riskant, schädlich*
aptus, -a, -um *geeignet*	**necessārius, -a, -um** *notwendig*
ūtilis, -e *nützlich*	**sacer, -cra, -crum** *geweiht*
familiāris, -e *vertraut*	**similis, -e** *ähnlich*; u. a. m.

Hierbei kann dann natürlich auch ein Adverb Auslöser des Dativs sein:

congruenter nātūrae vīvere ***in Übereinstimmung***	*mit der Natur leben*

Einzelne Adjektive wie **similis, -e** *ähnlich* oder **superstes (-stitis)** *überlebend* drücken den Mitspieler ohne Bedeutungsnuance im Dativ oder Genitiv aus. Achte also immer auf die Kasus, aber lass dich nicht irritieren, wenn du einmal einen anderen Kasus als den vielleicht erwarteten findest und der Sinn trotzdem passt.

3. Der Dativ als Prädikatselement

Auch der Dativ kann als Sinnelement des Prädikats (als Prädikatsnomen) auftreten. Dieser Dativ bezeichnet den Zweck und die Wirkung auf die Frage „wozu?", in der Fachsprache *Dativus finalis*. Dabei steht er nicht in Kongruenz mit einem anderen Wort des Satzes. Solche Prädikatsausdrücke können sich auf das Subjekt oder auf das Objekt beziehen.

a) Auf das Subjekt bezogen – normalerweise zusammen mit **esse** (*sein*):

gaudiō esse *Freude machen*	**impedīmentō esse** *hinderlich sein*
odiō esse *verhasst sein*	**ūsuī esse** *nützlich sein, nützen*
praesidiō esse *sich als hilfreich erweisen, als Schutz dienen*	**cordī esse** *am Herzen liegen*
	laudī esse *lobenswert sein*
	documentō esse *beweisen* u. a. m.

b) Wo jemand/etwas von einem solchen Geschehen betroffen ist, tritt dieser/dieses ebenfalls im Dativ auf (doppelter Dativ):

Cui bonō hoc est?	*Wem dient das zum Vorteil? Wer hat einen Vorteil dabei?*
(Caesar als Eroberer:) **Amīcitia populī Rōmānī vōbīs ōrnāmentō et praesidiō, nōn dētrīmentō esse oportet.**	*Die Freundschaft des römischen Volkes soll euch zieren und schützen, nicht zum Schaden gereichen.*
Serpentēs mihi odiō sunt.	*Ich hasse Schlangen.*
Tamdiū vōbīs cordī sumus, quamdiū ūsuī.	*Wir sind euch solange lieb, wie wir euch nützlich sind.*

c) Auf das Objekt bezogen; der Dativ lässt sich zumeist mit Präpositionen wie *zu* oder *für* wiedergeben:

auxiliō mittere, arcessere *zu Hilfe schicken, holen*
domiciliō dēligere *zum Wohnsitz wählen*
laudī/honōrī/vitiō dūcere/vertere *als lobenswert, als Ehre, als Fehler anrechnen/auslegen*
crīminī dare *zum Vorwurf machen* u. a. m.

Hoc tibi crīminī datur.	*Das wird dir zum Vorwurf gemacht.*

4. Sein und Haben

Die Kombination aus **esse** *sein* und Dativ bedeutet *haben, besitzen*. Der Dativ bezeichnet in dieser Verbindung den Besitzer und heißt *Dativus possessivus*. Diese überaus wichtige Wendung solltest du gedanklich stets parat haben!

Nōbīs quondam fuērunt multī amīcī.	*Einst* ***hatten wir*** *viele Freunde.*
Domus patrī est.	*Der Vater besitzt ein Haus.*

5. Außerdem

a) Mehr Gewicht bekommt ein Mitspieler, wenn er vom Sprecher im Dativ statt im Genitiv eingebracht wird (hier statt: *vor die Füße des Richters*):

Iūdicī ad pedēs misera iacuit.	*Die Unglückliche warf sich* ***dem Richter*** *zu Füßen.*

b) Im Lateinischen ist ein Dativ vielfach mit **ad** + Akkusativ austauschbar: **Scrībō amīcō.** = **Scrībō ad amīcum**. *Ich schreibe dem Freund.*

c) Bei einem Verb wie **adesse** *dasein* findet sich der Dativ zur Bezeichnung eines Ortes. Wie immer ist dabei im Zusammenhang auf Sinnvarianten zu achten:

ad portam adsum	*ich bin an der Tür*
urbī adesse	*sich vor der Stadt befinden*
convīviō adesse	*an einem Gastmahl teilnehmen*
amīcō adesse	*einem Freund beistehen, helfen*

Der Genitiv

Signale:

Sg.	**-ī**	**-ae**	**-ĭs**	**-ūs**	**-eī**	**-īus***
Pl.	**-ōrum**	**-ārum**	**-um, -ium**	**-ērum**		*Pronomina

Der Genitiv begegnet deutlich häufiger als im Deutschen. Er wird *nie* von einer Präposition begleitet, jedoch gibt es einige *nachgestellte* Verhältniswörter (sog. Postpositionen).

DER GENITIV TRITT AUF ALS			
Attribut	Objekt	Ergänzung zum Adjektiv	Prädikatsergänzung beim Verb

Damit du mit dem lateinischen Genitiv sachgerecht und flexibel umgehen kannst, solltest du seine grundsätzlich möglichen deutschen Entsprechungen v. a. bei der Rolle als Attribut stets parat haben. Diese sind:

deutscher Genitiv	*von* + Dativ	*aufseiten, vonseiten* *seitens* + Genitiv

Außerdem kann eine Wortzusammensetzung sinnvoll sein, z. B.:
perīculum capitis *Lebensgefahr („Gefahr für den Kopf ≈ Leben")*
maris pōma *Meeresfrüchte*

1. Hauptaufgabe des Genitivs: Attribut

a) Wie im Deutschen dient der Genitiv dazu, ein anderes Nomen (oder an dessen Stelle ein Adverb) in der Bedeutung genauer zu definieren, etwa *die Vorkommnisse des letzten Jahres* oder *die Schwestern meiner Tante*. Semantisch (bedeutungsmäßig) gibt es gegenüber dem Deutschen keine Unterschiede:

fīlius Cicerōnis	***Ciceros** Sohn, der Sohn **von Cicero***
Graecōrum philosophī	*die Philosophen **der Griechen***
imprūdentia hominum	*die Unvorsichtigkeit **der/seitens der** Menschen*
casae pauperum	*die Hütten **der/von** Armen*

Bei manchen Verbindungen mit einem Genitiv können mehrdeutige Äußerungen entstehen:

Octāviae imāginēs gestant umerīs.	*Sie tragen **Bilder der Octavia** auf den Schultern.*

Ob *Bilder, die Octavia darstellen* oder solche, *die Octavia gehören,* oder solche, *die Octavia gemalt hat,* gemeint sind, klärt der Zusammenhang bzw. das Leserwissen über die Person der Octavia.

b) Der Genitiv ist bei uns in manchen Bereichen seltener oder auch gar nicht vertreten; insbesondere gilt das für die Fälle, wo der lateinische Genitiv die Gesamtmenge einer Teilmenge bezeichnet (*Genitivus partitivus)*, u. a. auch beim Superlativ:

cōpia frūmentī	*eine Menge **Getreide***
multum vīnī	*viel **Wein**, viel **an Wein***
Iūris perītōrum ēloquentissimus Scaevola putātur.	*Man hält Scaevola für den redegewandtesten **unter den** Rechtskundigen.*

Sehr beliebt ist es im Lateinischen, ein selbstständiges Pronomen im Neutrum mit einem Genitivus partitivus zu verbinden; hier ist **quantum** dieses Pronomen:

Dī bonī, quantum hominum ūnus venter exercet!	*Gute Götter, **wie viele Menschen** hält ein Bauch in Trab!* (d. h. Köche, Sklaven und der Bauch des reichen Schlemmers)

Ähnliche Wendungen:

aliquid novī *etwas Neues* **id honōris** *ein solches Maß an Ehre*
nihil iūcundī *nichts Erfreuliches* **quid āthlētārum** *was alles für Sportler.*

Als Alternative zum Genitiv finden sich hier auch Wendungen mit den Präpositionen **ē/ex** und **dē**: **complūrēs ex amīcīs** *mehrere von den Freunden*; **ūnus dē multīs** *einer von vielen*.

c) Steht der Genitiv weiter von seinem Basiswort entfernt, eröffnet sich ein Spannungsbogen, der die Form einer Klammer um Zusammengehöriges annehmen kann (sog. Klammerstellung; zweite Klammer hier **hanc** *diese*):

Suscēpisti {{*hanc* **Acadēmicōrum** {**contrā propositum disputandī**} **cōnsuētūdinem**}}.	*Du hast diese **Gewohnheit der Akademiker** des Gegen-eine-These-Disputierens übernommen.*

d) Besitzt ein Substantiv einen verbalen Inhalt, d. h. drückt es eine Handlung oder eine Empfindung aus, kann ein beigefügter Genitiv in mehrdeutiger Weise entweder den *Urheber* („Agens", Subjekt) oder das *Ziel* (Objekt) dieser Handlung/Empfindung bezeichnen, vgl. etwa: *die Verleumdung des Gemüsehändlers*. Ein solcher Genitiv findet sich im Lateinischen häufiger und heißt *Genitivus subiectivus* (auf den Urheber bezogen) bzw. *obiectivus* (auf das Ziel bezogen). Beachte zur richtigen Übersetzung immer den Kontext!

[Aegrōtātiōnēs nōnnūllae] nāscī putantur ā metū, ut odium mulierum, ut in hominum ūniversum genus.	*[Manche psychischen Defekte], meint man, entstehen aus Furcht, so wie der **Hass auf Frauen** oder **auf die gesamte Menschheit**.*

Im Beispiel zeigt außer dem Kontext das zweite Element mit der Präposition **in**, dass der Hass auf *Frauen gerichtet ist* (die Frauen sind Objekt des Hasses, also Gen. obiectivus), nicht von ihnen ausgeht (*der Hass der Frauen;* die Frauen wären dann Subjekt des Hasses, Gen. subiectivus). Beachte, dass der Gen. obiectivus im Deutschen meist mit einer Präposition übersetzt werden muss.

2. Der Genitiv im Sinnbereich von Verben

a) Wie im Deutschen (wo der Gebrauch allerdings stark stilabhängig ist) finden sich bei verschiedenen Verben Genitive als erstes Objekt oder als zweite Ergänzung, wenn das erste Objekt ein Akkusativ ist. Auch im Lateinischen sind dies Verben des **Sich-Erinnerns, Vergessens, Mitleidens, des Nicht-Habens:**

Possum egō nātūrae nōn meminisse tuae?	*Kann ich mich deiner natürlichen Schönheit nicht erinnern?*
Miserēminī familiae, iūdicēs, miserēminī patris!	*Erbarmt euch der Familie, ihr Herren Richter, erbarmt euch des Vaters!*
Hominem laudem egentem virtūtis?	*Einen Mann soll ich loben, der keinen Charakter hat („jedes Charakters entbehrt")?*

Admonēbat (Catilina) alium egestātis, alium cupiditātis suae.	*Er (Catilina) erinnerte den einen an seine Armut, den anderen an seine Geldgier.*

Bei diesen Verben finden sich aber auch der Akkusativ oder Ausdrücke mit Präposition (z. B. je nach Fall **dē + Abl., praeter + Akk.**). Im Deutschen zieht man heute ebenfalls meist Präpositionen vor (*habt Erbarmen **mit** ...* u. a.).

Der Genitiv steht ebenso nach Verben aus der **Gerichtswelt** und bezeichnet das Verbrechen, dessen man beschuldigt usw. wird. Die Person des Angeklagten wird mit dem Akkusativ wiedergegeben:

aliquem sceleris	*jemanden eines Verbrechens*
arguere	*beschuldigen*
convincere	*überführen*
accusāre	*anklagen*
	jem. wegen eines Verbrechens
damnāre/condemnāre	*verurteilen*
	jem. von einem Verbrechen
absolvere	*freisprechen*
Tē convincō nōn inhumānitātis sōlum, sed etiam āmentiae.	*Ich überführe dich nicht nur der Brutalität, sondern auch des Wahnsinns.*

b) Auch bei einigen unpersönlichen Verben findet sich der Genitiv als zweite Ergänzung. Es handelt sich um die Ausdrücke:

piget *es verdrießt* **pudet** *es beschämt* **paenitet** *es reut*
taedet *es ekelt* **miseret** *es tut leid*

Die betroffene Person steht im Akkusativ; im Deutschen wird in der Regel anders formuliert, etwa:

Mē nōn sōlum piget stultitiae meae, sed etiam pudet.	*Mich nervt meine Dummheit nicht nur, ich schäme mich auch dafür.*

3. Der Genitiv als Ergänzung zu Adjektiven

Etliche Adjektive richten sich aufgrund ihrer Bedeutung wie die oben besprochenen Verben ebenfalls auf beteiligte Personen oder Dinge. Gleich den Verben erscheinen diese Mitspieler im Genitiv, oft aber auch in einem anderen Kasus wie dem Dativ, dem Ablativ, auch mit Präposition + Kasus. Im Deutschen gehört zu dieser Gruppe etwa das Adjektiv *überdrüssig (des Wartens überdrüssig)*. **Nach folgenden Adjektiven steht der:**

GENITIVUS OBIECTIVUS	GENITIVUS PARTITIVUS
argenti cupidus (-a) *geldgierig*	**amphora vīnī plēna** *eine mit Wein volle Amphore*
memor temporum antīquōrum *an die alten Zeiten denkend*	**ratiōnis particeps** *vernunftbegabt*
litterārum studiōsus (-a) *sich mit Wissenschaft befassend*	**Graecī sermōnis expers** *der griechischen Sprache unkundig.*
scrībendī perītus (-a) *des Schreibens kundig, schreibkundig*	

! Mit Genitiv finden sich auch einige *Partizipien*, z. B. **fugiēns labōris** *arbeitsscheu*; **officiī neglegēns** *pflichtvergessen* („*der Pflicht nicht achtend*").

4. Der Genitiv als Prädikatselement

Auch der Genitiv kann als Prädikatsnomen dienen. Je nach Fall wird er von einem Attribut begleitet oder nicht und ist entweder auf das Subjekt oder auf das Objekt bezogen. Das Bedeutungsfeld umfasst besonders zusammen mit **esse** *(sein) die Bezeichnung*

a) einer Eigenschaft (Gen. qualitatis):

Catō māgnae ēloquentiae erat.	*Cato verfügte über große Eloquenz.*
Illa rēs eximiī est mōmentī.	*Diese Sache **ist von** ausnehmender **Bedeutung**.*
Messalīna singulāris fōrmōsitātis habēbātur.	*Messalina **galt als** (Frau) **von** einzigartiger **Schönheit**.*

b) einer Zugehörigkeit oder eines Besitzers (Gen. possessivus):

Praeter arcem omnia hostium erant.	*Außer dem Burgberg war alles **im Besitz/in der Hand der Feinde**.*
Ars enim eārum rērum est, quae sciuntur.	*Kunstfertigkeit **gehört in den Bereich der Dinge**, die man durch Wissen beherrscht.*
Cuiusvīs hominis est errāre.	***Jedem Menschen ist es eigen** zu irren.*
Id īnsipientis dēbet dūcī.	*Das muss man **als Zeichen für einen Dummkopf** nehmen.*

Für **esse** kann auch **fierī** (*werden*), der dynamische Aspekt, eintreten; im Folgenden ein Beispiel im AcI (▶ S. 142):

Nē tu illum agrum sīveris fierī fīliī tuī.	*Lass nicht zu, **dass** dieser Acker **Besitz deines Sohnes wird**.*

Merke dir als Faustformel für viele Fälle dieser Art die Übersetzung *es ist (scheint,...) Merkmal, Zeichen, Gewohnheit, Pflicht von jemand/etwas; es zeugt von..., beweist...* u. Ä. Wichtig ist die semantische (bedeutungsmäßige) Beziehung zwischen dem Element im Genitiv und dem Subjekt bzw. Objekt.

c) zusammen mit Verben des Einschätzens oder des Kaufens die Bezeichnung eines Wertes *(Gen. pretii):*

Im Genitiv als Wertangabe treten nur einige Adjektive auf, die allgemeine Mengenangaben bezeichnen, z. B. bei **esse/fierī** (*sein/werden*) oder im Ausdruck:

minimī aestimāre, putāre, dūcere *als sehr gering einschätzen, für sehr gering halten* u. a. Weitere Adjektive sind z. B. **māgnī** (*hoch*), **parvī** (*gering*), **nihilī** (*für nichts*), **quantī** (*wie viel*), **tantī** (*so viel*) u. a. m.

Bei Verben wie vēndere, emere, condūcere *für sehr wenig verkaufen, kaufen, mieten* finden sich solche Adjektive teils als Genitive (z. B. **quantī** *wie viel*, **tantī** *so viel*), teils als Ablative (▶ S. 127).

5. Außerdem

Beim Genitiv finden sich einige präpositionsgleiche Ausdrücke, jedoch fast alle *nachgestellt*, und zwar: **causā, grātiā,** (sehr selten) **ergō** *wegen, um... willen*; **locō** *anstelle von, für;* **īnstar** *nach Art von, gleich wie*:

amīcōrum causā	*um der Freunde willen*
exemplī grātiā	*zum Beispiel*
īnstar montis equus	*ein Pferd wie ein Berg*
Sunt quī crīminis locō putent esse quod vīvam.	*Manche halten es **für ein Verbrechen**, dass ich lebe.*

Grammatik

Der Ablativ

Signale:

Sg.	**-ō**	**-ā**	**-e**	**-ī**	**-ū**	**-ē**
Pl.	**-īs**	**-bus**				

Der Ablativ ist im Plural äußerlich vom Dativ gar nicht, bei der o-Dekl. auch im Singular nicht zu unterscheiden. Wie der Akkusativ tritt er mit oder ohne Präpositionen auf (▶ S. 112, 126).

→← Den Ablativ gibt es als einzige Kasusform im Deutschen nicht. Die von ihm getragenen Inhalte werden im Deutschen anders ausgedrückt. Bedeutungsmäßig ist der Ablativ fast ein Alleskönner.

Ein Wort im Ablativ sagt eigentlich nur: Ich bin *nicht* Nominativ, nicht Akkusativ, nicht Dativ, nicht Genitiv. Die Bedeutung im Zusammenhang erschließt sich – außer es ist eine Präposition vorhanden – einzig aus der Bedeutung des Ablativwortes in Verbindung mit der speziellen Bedeutung des Verbs.

DER ABLATIV TRITT AUF ALS		
Umstandsangabe beim Verb	Kasus nach Präposition	1./2./3. Objekt
Ergänzung zum Adjektiv	Prädikatsergänzung beim Verb	

Dies und die vielen Fälle, in denen der Ablativ ohne Präposition steht, können wegen der genannten grammatikalischen Undeutlichkeit bisweilen zu Problemen führen. Daher gilt:

- Prüfe, ob der Ablativ ein am Geschehen beteiligtes Element bezeichnen kann, dessen Rolle in der Bedeutung des Prädikats (oder auch eines Adjektivs) angelegt ist; daher ist es wichtig, den Inhalt des Wortes im Ablativ genau festzustellen (ist es ein Zeitbegriff, ein Ortsbegriff, eine Sache, eine Mengen- oder Wertbezeichnung, eine Person usw.?).
- Falls nicht, wird es sich um eine Angabe erläuternder Umstände zur Kernaussage handeln.
- Oder prüfe, ob es sich um einen Ablativus absolutus (▶ S. 134) handelt; in diesem Fall ist ein zweiter Ablativ, meist ein Partizip, nicht weit, oft in Klammerstellung um zugehörige Wörter platziert.

1. Hauptaufgabe des Ablativs: Beschreibung näherer Umstände der Prädikatsaussage

a) Ortsbegriff – Ortsangabe als Standort *(Ablativus loci)*: normalerweise mit der Präposition **in** (*in*), außer:

- Namen von Städten und kleiner Inseln: Auf diesen Kontext weisen Verben wie z. B. **esse** (*sein*), **manēre** (*bleiben*), **habitāre** (*wohnen*) usw.

  Athēnīs *in Athen* **Neāpolī** *in Neapel*

  Häufig finden sich hier alte Lokativformen auf **-ae** bzw. auf **-ī**, z. B.:

  Rōmae *in Rom* **Liparae** *auf Lipari*

  Corinthī *in Korinth* **Rhodī** *auf Rhodos*

  auch: **domī** *zuhause* **domī mīlitiaeque** *in Krieg und Frieden*

- *Verbindungen mit* **locus** und mit **tōtus (-a, -um)** und anderen Wendungen, z. B.:

locō idōneō	*an einem geeigneten Ort*
tōtā urbe	*in der ganzen Stadt*
terrā marīque	*zu Lande und zu Wasser*
rūrī	*auf dem Lande*

- Begriffe wie **via** (*Straße*), **vadum** (*Furt*) u. a. m., also:

  viā Appiā prōgredī *auf der Via Appia voranrücken*

  amnem vadō trānsīre *den Strom an einer Furt überschreiten*

In verschiedenen Fällen denkt das Lateinische (Richtung) anders als das Deutsche (Ort), z. B. **in forum concurrere** *auf dem Forum zusammenlaufen*, oder auch umgekehrt (Ort – Richtung), z. B. **vās in mēnsā pōnere** *ein Gefäß auf den Tisch stellen.*

b) Ortsbegriff – Ortsangabe als Ausgangspunkt *(ablativus separativus)*: in der Regel mit der Präposition **ā/ab** (*von, von… her*), **ē/ex** (*aus, aus… heraus*), **dē** (*von, von… herab*), außer bei

- Namen von Städten und kleiner Inseln ohne Ausnahme, also

  Mediolānō *von/aus Mailand* **Lutētiā** *von/aus Lutetia (Paris)* **Sardibus** *von/aus Sardes;*

  Puteolīs *von/aus Puteoli* u. a. auch: **domō** *von zuhause* **rūre** *vom Lande*

  Auf diesen Kontext weisen Verben wie z. B. **venīre** (*kommen*), **proficīscī** (*aufbrechen*), **expellere** (*vertreiben*) usw.

Bei Verben der Bewegung bezeichnet ein Ablativ die Herkunft auf die Frage „woher?“, ein Akkusativ auf die Frage *„wohin?“* die Richtung:

Rōmā proficīscor	*ich breche* ***von*** *Rom auf*
Rōmam proficīscor	*ich breche* ***nach*** *Rom auf*

c) Abstammung – Herkunftsangabe: Der Ablativ bezeichnet bei **nāscī** (*geboren werden*) und **orīrī** (*abstammen*) die soziale Herkunft *(Ablativus originis)*, z. B. **nōbilī genere ortus (-a)** *aus vornehmem Geschlecht stammend*, **Iove nātus (-a)** *von Jupiter abstammend*.

d) Zeitbegriff – Zeitangabe *(Ablativus temporis)*, z. B. **tempore** *zur rechten Zeit*; **aestāte** *im Sommer*; **hōrā sextā** *zur sechsten Stunde*; **comitiīs** *an den Komitien* (d. h. *während der Wahlen*); **bīduō** *binnen zweier Tage*; usw.

e) Personenbegriffe – Begleitung *(Ablativus sociativus)*, fast immer mit **cum** (*mit*; und negativ: **sine** *ohne*): **cum amīcīs ambulāre** *mit den Freunden spazieren gehen*.

f) Sachbegriffe, die ein Handeln bewerten bzw. qualifizieren können oder Merkmale davon hervorheben *(Ablativus modi)* – Methode, Vorgehensweise, oft mit **cum** (*mit*; und negativ: **sine** *ohne*):

cum dīligentiā *mit Sorgfalt*	**cum dignitāte** *mit Würde*
iūre *zu Recht*	**tālī ratiōne** *auf solche Weise*
mōre *nach Art von*	**cāsū** *zufällig*
nūdō corpore *mit nacktem Körper*	**multīs cum lacrimīs** *unter vielen Tränen*
urbem vī capere *eine Stadt mit Gewalt einnehmen*; u. a. m.	

2. Der Ablativ mit Präpositionen

Der Ablativ tritt mit oder ohne Präposition auf; beachte bei der Übersetzung, dass die Präpositionen genauso multivalent wie im Deutschen oder in anderen Sprachen sind (ggf. Studium des Wörterbuchs). Der Kontext (vom Verb und seiner Sinnbeziehung zum Objekt her denken) ist entscheidend. Hier zur Illustration ein paar der wichtigsten Präpositionen mit Ablativ:

ā, ab	**dē**	**ex, ē**
von ... weg/her, aus	*von ... herab, von, über*	*aus, seit, aufgrund*
prae	**prō**	**cum – sine**
vor ... her, angesichts	*vor, für, entsprechend*	*mit, bei – ohne*

3. Der Ablativ im Sinnbereich von Verben

a) Eine häufige Funktion des Ablativs, bei der er die Bedeutung des Verbinhalts konkretisiert, liegt in der Angabe des Mittels oder Instruments, mit dem die Handlung ausgeführt wird *(Ablativus instrumentalis)*. Beispiele:

pilā lūdere *Ball spielen*	**harundine** canere *Rohrflöte spielen*
equō vehi *reiten*	**pedibus** īre *zu Fuß gehen*
oculīs vidēre *mit den Augen sehen*	**Asia** abundat **equīs.** *Asien ist überreich an Pferden.*

In dieser Funktion steht der Ablativ bei folgenden Deponentien:

ūtī *gebrauchen, nutzen*	**abūtī** *missbrauchen*
fungī *verwalten*	**fruī** *genießen*
potīrī *sich bemächtigen*	**nītī** *sich stützen, beruhen auf*

Occāsione **ūtor.**	Ich nutze die Gelegenheit.
Omnis excūsātiō suā aequitāte nītitur.	Jede Rechtfertigung beruht auf Billigkeit.
Rōmānī oppidō **potītī sunt.**	Die Römer haben sich einer/der Stadt bemächtigt.

b) Entsprechend wird bei Verben aus dem Bedeutungsfeld *vergleichend beurteilen* der Inhalt dieser Beurteilung im Ablativ formuliert:

Rēbus congruentēs nōminibus differēbant **Acadēmicī et Peripatēticī.**	*In der Sache übereinstimmend,* ***unterschieden sich*** *Akademiker und Peripatetiker* ***in den Begriffen***.

c) Den Inhalt des Vergleichs oder dessen Bezugspunkt kann der Ablativ auch bei der Steigerung (Komparation; ▶ S. 29 f.) statt **quam** (*als*) bezeichnen *(Ablativus comparationis)*:

Inquīsītor biduō **nōn** breviōrem diem **postulāvit.**	*Der Ermittler beantragte eine* ***Frist*** *nicht* ***kürzer als zwei Tage***.

d) Bei Aktionen des Kaufens und Bewertens spielen Kaufpreis bzw. Maß eine Rolle – dafür steht der *Ablativus pretii*:

Quibus **hīc** pretiīs **porcī vēneunt?**	***Zu welchen Preisen*** *werden diese Schweine hier verkauft?*

e) Das Element, das im Spielplan die Rolle des Grundes oder der Ursache spielt, tritt normalerweise als Ablativ auf *(Ablativus causae)*. (In der Nominativform bzw. Subjektrolle läge im Lateinischen eher eine Personifikation vor.)

Nāvis vetustāte dīlābitur.	*Das Schiff fällt **wegen seines Alters** auseinander.*

Er steht auch bei Verben der Trauer und Freude, z. B. **gaudēre/laetārī** *sich freuen,* **dolēre** *Schmerz empfinden,* **maerēre** *trauern.*

Doleō tantā miseriā.	***Dies schreckliche Unglück** betrübt mich.*

f) In Passivsätzen übernimmt der Ablativ (mit der Präposition **ā/ab**) die Rolle des Urhebers oder (ohne Präposition) des Mittels bzw. Instruments:

Hostīlia ab illō coepta, ā mē aucta erant.	*Die Feindseligkeiten waren **von ihm** begonnen, **von mir** verstärkt worden.*
Imperātor māgnīs cūrārum mōlibus stringēbātur.	*Der Kaiser wurde **durch große Sorgenlasten** bedrückt.*

g) Bei einer Reihe von Verben des Entbehrens, Befreiens und Beraubens übernimmt der Ablativ die Rolle eines ersten Objekts *(Ablativus separativus)*, z. B. bei **carēre** *nicht haben, entbehren,* **vacāre** *frei sein,* **līberāre** *befreien,* **prīvāre** *berauben,* **nūdāre** *entblößen, berauben*:

pāne egēre	*Verlangen nach Brot haben, Brot entbehren*
Culpā vacāre magnum est sōlācium.	*Frei von Schuld sein ist ein großer Trost.*
Verrēs (Siciliae) fāna omnibus dōnīs ōrnamentīsque nudāvit.	*Verres **beraubte** (Siziliens) Heiligtümer all ihrer Weihgeschenke und jeden Schmucks.*

4. Der Ablativ als Ergänzung zu Adjektiven

Da Adjektive wie Verben Aussagen über Personen/Dinge treffen, können auch sie Ergänzungen auslösen, die ihren Sinn konkretisieren. Diese können bei Adjektiven aus den oben beschriebenen Bedeutungsfeldern die Form des Ablativs annehmen. Beispiele:

ABL. INSTRUMENTALIS		ABL. SEPARATIVUS	
contentus (-a, -um)	*zufrieden mit*	**līber (-a, -um)**	*frei von*
(in)dīgnus (-a, -um)	*einer Sache (un)würdig*	**vacuus (-a, -um)**	*leer, frei von*
		nūdus (-a, -um)	*entblößt von*

5. Der Ablativ als Prädikatselement

Vorkommen dieser Art sind selten; der Ablativ beschreibt in diesen Fällen – austauschbar mit dem Genitiv (vgl. Gen. qualitatis, S. 122) – eine Eigenschaft *(Ablativus qualitatis)*:

(Catō)... singulārī fuit prūdentiā et industriā.	*Cato war von einzigartiger Klugheit und einzigartigem Fleiß.*
Ahēnobarbus, vir neque satis cōnstāns et ingeniō trucī	*Ahenobarbus, ein zu wenig beständiger Mann und von trotzigem Charakter*

Vor, nach, bei – die Rolle der Präpositionen

Trotz der großen Bedeutung der reinen Kasus im Lateinischen sind Präpositionen im Dienst der Verständlichkeit unverzichtbar und ersetzen oft die reinen Kasus.

Präpositionen sind im Gebrauch entweder unproblematisch oder idiomatisch, d. h. spracheigentümlich, und nicht unbedingt nachvollziehbar. Bei derlei unerwarteten Ausdrucksweisen dürfte der Sinn des Verbs trotzdem häufig unter Beachtung der Rolle der Mitspieler zum Verständnis führen:

Eques viam {ex rūsticō} quaesīvit.	*Der Reiter fragte {**den Bauern**} **nach dem Weg**.*

Präpositionen geben zunächst grundsätzlich ein räumliches Verhältnis an. Auf diesem bauen die zeitlichen Angaben auf, erst dann folgen die Verwendungen für logische Beziehungen („übertragene" Bedeutung).

Im Lateinischen finden sich Präpositionen mit Akkusativ und Ablativ, mit Genitiv nur einige Postpositionen (beim Dativ keine). Die meisten Präpositionen begleiten den Akkusativ. Nur wo Präpositionen sowohl einen Ort wie eine Richtung angeben (**in** *in*, **sub** *auf*, **super** *über*), steht für die Richtungsangabe der Akkusativ, für die Ortsangabe der Ablativ. Ansonsten spielt der Kasus bedeutungsmäßig keine Rolle; Beispiel:

sub aquam	*unter **das** Wasser*	**in urbem**	*in **die** Stadt*
sub aquā	*unter **dem** Wasser*	**in urbe**	*in **der** Stadt*

Tabellen mit Präpositionen beim Akkusativ und Ablativ: ▶ S. 112, 126

Benutze häufig dein Wörterbuch, um die Verwendung und Bedeutung der Präpositionen verstehen zu lernen. Achte auch beim Studium von Verben darauf, über welche Präpositionen Nomina ggf. mit diesen verbunden werden.

Die Stellung der Präpositionen

Die übliche Stellung der Präpositionen ist wie im Deutschen vor („prä-“) dem Nomen. Die Genitivpräpositionen sind grundsätzlich wie im Deutschen (z. B. *des Regens wegen*) nachgestellt (Postpositionen). Bei Dichtern finden sich Präpositionen manchmal weiter entfernt (**vitiīs** nēmō **sine** nāscitur – ***ohne Fehler*** *wird keiner geboren*).

! Eine Eigentümlichkeit des Lateinischen besteht darin, dass recht häufig Präpositionen zwischen Nomen und ein zugehöriges Attribut gestellt werden, z. B. **corpore in ūnō** *in einem einzigen Körper*, **quam ob rem** *weswegen*, **multōs post annōs** *nach vielen Jahren*.

circum + dare → circumdare – Komposita

Wie im Deutschen dienen die Präpositionen zur Bildung zusammengesetzter Verben, sog. „Komposita“. Die Kenntnis der Präpositionen hilft also in vielen (leider nicht allen!) Fällen auch beim Verstehen solcher Verben, wenn man das Grundwort kennt, z. B. **circum** *rings ... umher* + **dare** *geben* > **circumdare** *rings ... umgeben*.

- Bei den Komposita finden sich auch einige wichtige „untrennbare Präpositionen“, die für sich allein nicht vorkommen: **amb-** *herum-*; **dis-** *zer-, auseinander*; **re(d)-** *zurück;* **sē-** *ab- (auseinander-*, z. B. **sē-parāre** *trennen*).

6 Anschluss gesucht – verbundene Sätze

Jeder Satz kann durch Haupt- oder Nebensätze erweitert werden. Der Anschluss an das Übrige erfolgt über Pronomina (etwa Relativpronomina), über beiordnende (*und, aber, trotzdem* usw.) oder unterordnende Konjunktionen (etwa *weil, indem, obwohl* usw.).

Typisch Lateinisch ist, dass manche Inhalte obskur (besser: unter der Oberfläche) bleiben, wenn man sie nicht entschlüsselt. Bei der Umsetzung braucht das Deutsche meist mehr Wörter, u. a. um den „Anschluss" bzw. die logische Verknüpfung deutlich zu machen.

Dem Satz kann auch eine Partizipialkonstruktion, sozusagen als Kurzform eines Satzes, hinzugefügt werden.

Konjunktionen

Die wichtigsten Konjunktionen nach Bedeutungen im Überblick:

TEMPORAL	MODAL	KAUSAL	KONDITIONAL	FINAL	KONZESSIV	ADVERSATIV
		unterordnende Konjunktionen (Nebensatz)				
als, nachdem, während, sobald	*indem, dadurch dass*	*da, weil, zumal*	*wenn, falls, sofern*	*damit, auf dass, dass*	*obwohl, obgleich, auch wenn*	*während dagegen*
		beiordnende Konjunktionen (Hauptsatz)				
dann, darauf	*dabei*	*denn, nämlich*	–	–	*trotzdem dennoch*	*aber, jedoch*

Übersicht lateinischer Konjunktionen: ▶ Anhang S. 174

Komprimierte Sätze – Sätze im Satz

Wer spricht, hat nicht nur das Bedürfnis, sich umfassend äußern zu können, sondern sucht genauso die Möglichkeit, sich kurz zu fassen. Zu diesem Zweck lassen sich Äußerungen „komprimieren". Das Lateinische bietet dafür einige spezielle Konstruktionen (▶ auch das Gerundivum, S. 138), die wiederum ohne das komplexe System der Kasusformen und der Kongruenz nicht funktionieren würden: das *Participium coniunctum* und den *Ablativus absolutus*.

Grammatik

Das verbundene Partizip – Participium coniunctum

In der Rolle als Participium coniunctum (P.c.) (und als Ablativus absolutus, ▶ S. 134) kommt das Partizip im Lateinischen sehr viel häufiger vor als im Deutschen. Da es dabei eine wichtige Aufgabe erfüllt, muss man mit ihm besonders gut vertraut sein.

Ein deutsches Beispiel haben wir etwa in dem Lied „Lachend kommt der Sommer über das Feld". Diesem Satz liegt die Äußerung zugrunde: *Der Sommer kommt über das Feld, und er lacht dabei.* Oder: *Der Sommer kommt über das Feld, während (indem) er lacht.* Das Partizip komprimiert also den längeren Satz und bildet so einen „Satz im Satz". Nicht viel anders im Lateinischen:

Intereā ūsque illī dē mē supplicium dābō labōrāns, parcēns, quaerēns, illī serviēns.	*Inzwischen will ich ihm Buße leisten,* ***arbeitend, sparend,*** *Gewinn* ***schaffend****, ihm* ***dienend****.*

Im lateinischen Beispiel ist so aus fünf Sätzen einer gemacht; alle haben dasselbe Subjekt, das zeigt der Nominativ der Partizipien:

labōrāns, parcēns, quaerēns, serviēns.

Aber die fünf Sätze stehen nicht auf einer gedanklichen Ebene: Gegenüber **dābō** ist eine modale Sinnrichtung erkennbar: ..., ***indem*** *ich arbeite, spare, Gewinn schaffe und ihm diene.*

Da das Lateinische durch die Kasus- und Genuskongruenz grammatikalisch deutlich markiert, an welches Nomen ein Partizip (ebenso wie ein Adjektiv) inhaltlich angeschlossen ist, nutzt es diese Sprachmöglichkeit viel umfassender als das Deutsche gerade auch in anderen Kasus. Der logische Zusammenhang von P.c. zum ganzen Satz muss aus dem Zusammenhang erschlossen werden und kann *temporal, kausal, konditional, konzessiv, final* oder wie im obigen Beispiel *modal* sein.

Beispiele:
– konzessiv:

Timeō Danaōs et dōna ferentēs (warnt der Priester Laokoon die Trojaner).	*Ich fürchte die Danaer* (Griechen), ***auch wenn*** *sie Geschenke* ***bringen****.*

Diesem einen Satz liegen die Sätze *„Die Danaer bringen Geschenke. Trotzdem fürchte ich sie."* zugrunde. Die konzessive Sinnrichtung (*trotzdem – obwohl*) bleibt im Lateinischen unter der Oberfläche und muss bei der Übersetzung ins Deutsche entschlüsselt werden, weil eine Nachahmung der lateinischen Struktur zwar möglich wäre (und wohl auch verständlich: *„Ich* *fürchte die Danaer, auch Geschenke bringend.“*), aber nicht der normalen Ausdrucksweise entspräche: Das Deutsche zieht hier einen abhängigen Satz vor.

– kausal:

C. Servilius Ahala Spurium Maelium rēgnum appetentem interēmit.	*Servilius tötete **Spurius Maelius, da er** nach der Königsherrschaft **strebte**.*

– temporal:

Gāiō dormientī epistula tua reddita est.	***Als Gajus schlief**, wurde ihm dein Brief gebracht.*

Zeitverhältnisse

Die Partizipien bezeichnen das Zeitverhältnis zum Verb des Satzes, also Gleichzeitigkeit, Vorzeitigkeit oder Nachzeitigkeit (▶ S. 68). Dieses Zeitverhältnis muss stets beachtet werden:

Vir domum ingrediēns territus est.	***Als** der Mann in das Haus **trat**, erschrak er.*
PPA = Gleichzeitigkeit	
(Pompēiānī) omnibus rēbus obsessī iam quārtum diem colloquium petunt ā Caesare.	***Nachdem** sie (die Anhänger des Pompejus) in jeder Hinsicht schon vier Tage lang **bedrängt worden waren**, **baten** sie Cäsar um eine Unterredung.*
PPP = Vorzeitigkeit	

Das Partizip Futur Aktiv

Das Partizip Futur Aktiv (PFA) begegnet vergleichsweise selten. Es bezeichnet eine direkt bevorstehende Handlung oder eine Absicht und findet sich:

- im AcI zur Bezeichnung einer nachzeitigen Handlung.

- als Bedeutungsteil des Prädikats zusammen mit Formen von **esse**:

Factūrus ne operae pretium sim, nōn satis sciō.	*Ob **ich im Begriff bin**, etwas Lohnendes zu tun, weiß ich nicht genau.*

Auch vergangenheitsbezogen: **Praefātiōnem scrīptūrus (-a) eram.** ***Ich war im Begriff**, das Vorwort **zu schreiben**.*

– als P.c. mit finalem Sinn:

Rōmānī primam aciem peditum incessērunt eam pulsūri.	*Die Römer griffen die erste Reihe Fußtruppen an, **um sie zu vertreiben**.*

Übersetzungsvarianten

Grundsätzlich lässt sich eine Partizipialstruktur im Deutschen auch mit einer nominalen Wendung oder mit einem eigenen Hauptsatz wiedergeben. Dies ist eine stilistische Entscheidung, die an jeder einzelnen Stelle getroffen werden muss:

	Epistulae offendunt nōn locō redditae.	
*Briefe können Anstoß erregen, **wenn sie zur falschen Zeit übergeben werden**.*	***Bei Übergabe zur falschen Zeit** können Briefe Anstoß erregen.*	***Man kann Briefe zur falschen Zeit übergeben.** Dann erregen sie Anstoß.*
untergeordneter Satz	Ausdruck mit Präposition	zwei unabhängige Sätze

Der Ablativsatz – Ablativus absolutus

Das oben besprochene „verbundene Partizip" ist an ein anderes Element des Satzes im Nominativ, Genitiv oder Dativ angeschlossen. Häufig sind Partizipien (bzw. gelegentlich auch Adjektive oder Namen/Substantive) aber auch an einen Ablativ angeschlossen. Dann bildet der ganze Ausdruck eine eigene Sinneinheit, den *Ablativus absolutus* (Abl. abs.): Das Element im Ablativ stellt dabei in der Übersetzung das Subjekt, das Partizip das Prädikat. Auch hier liegt also ein komprimierter Satz vor.

Der Grammatikbegriff „Ablativus absolutus" bedeutet „losgelöster Ablativ" in dem Sinn, dass diese Konstruktion (Ablativ + Partizip) nicht von einem Glied des übrigen Satzes abhängig ist.

! Wie beim verbundenen Partizip existiert unter der Oberfläche eine Sinnbeziehung zwischen dem Basissatz und dem Ablativsatz. Diese logische Verknüpfung (▶ S. 131) muss wieder aus dem Zusammenhang entschlüsselt und im Deutschen zum Ausdruck gebracht werden. In jedem Fall liegt zumindest ein zeitliches Verhältnis vor:

Perditis omnibus rēbus tamen ipsa virtūs sē sustentāre potest.	***Nachdem (Auch wenn) alles verloren gegangen ist**, kann sich der wahre Charakter trotzdem aufrecht halten.*
PPP = Vorzeitigkeit	

Virtūtēs iacent voluptāte dominante. PPA = Gleichzeitigkeit	*Die besten Eigenschaften liegen brach,* ***wenn Genuss-Sucht dominiert.***

Eine ähnliche Struktur, allerdings mit Genitiv, kennt auch das Deutsche, vgl. etwa: *Sehenden Auges rannte er in sein Unglück.* Meist handelt es sich hier um feste Wendungen wie *klopfenden Herzens, unverrichteter Dinge* usw.

Basissatz Latein	**+**	**Nomen im Ablativ > Subjekt**	**Partizip im Ablativ > Prädikat**	→	ggf. Ergänzungen (Objekte oder Adverbien)
		gleichzeitig | vorzeitig | nachzeitig			
Basissatz Deutsch	**Konjunktion**	**> Subjekt im Nominativ**	**> Prädikat** (flektiert)	→	ggf. Ergänzungen (Objekte oder Adverbien)

- Die logische Verbindung von Abl. abs. zum übrigen Satz kann wie beim P.c. variieren.
  Der Politiker und Philosoph Cicero legt in einem Gespräch dar, wie wichtig in seinen Augen die Einführung des Volkstribunats für die Stabilisierung der politischen Verhältnisse gewesen sei. Dem hält sein Gesprächspartner Quintus entgegen:

Māgnum dīcis malum. Nam istā potestāte nātā gravitās optimātium cecidit, convaluitque vīs multitūdinis.	*Deine Rede enthält einen großen Fehler. Denn* ***nachdem*** *(temporal)* ***dieses Amt erst einmal entstanden war****, schwand die Bedeutung der Aristokraten und erstarkte der Einfluss der Menge.*
Parumper quiēs fuit Etruscīs pūgnam nōn inītūrīs ...	*Eine Weile herrschte Ruhe,* ***da*** *(kausal, PFA)* ***die Etrusker keine Anstalten machten, in den Kampf zu ziehen...***

- In manchen Fällen findet sich ein passivischer, vorzeitiger Ablativsatz mit demselben *Sinn*subjekt wie der Basissatz. Dann empfiehlt sich oft eine aktivische Übersetzung, die das *grammatische* Subjekt des Basissatzes benutzt:

Vercingetorix convocātīs (Passiv) suīs clientibus facile incendit (eōs).	*Nachdem Vercingetorix* ***seine Gefolgsleute zusammengerufen hatte*** **(Aktiv)***, konnte* ***er*** *sie leicht anfeuern.*

- Der Ablativsatz kann auch die Form Nomen/Pronomen/Name + Adjektiv oder Nomen/Pronomen/Name + Nomen annehmen (hat dann also kein Partizip!):

Mors Silānī ignārō Nerōne per Agrippīnam parāta est.	*Der Tod des Silanus wurde,* ***ohne dass Nero etwas wusste****, von Agrippina geplant.*

!

Nicht selten sind auch folgende Wendungen:

Hannibale auctōre	*auf Hannibals Veranlassung*
nōbīs invītīs	*gegen unseren Willen*
tyrannō mortuō	*nach dem Tod des Tyrannen*
suā sponte	*aus eigenem Antrieb*

Am angemessensten wählt man hierfür kurze Wendungen mit einer Präposition, so im Beispiel oben auch: *ohne Wissen Neros*.

„Angebundenes Nomen": das Prädikativum

Im Lateinischen finden sich Nomen (Adjektive oder Substantive), die nicht nur ihr Basiswort – erkennbar an der KNG-Kongruenz – genauer charakterisieren, sondern die zugleich in einer Bedeutungsbeziehung zum Prädikat stehen (daher Prädikativum). Der Bezug auf das Prädikat ergibt sich normalerweise problemlos aus dem Sinnzusammenhang. Weniger eindeutige Beispiele sind seltener, nehmen wir dazu den Satz

Aquam mihī ministrā modo frīgidam!

Was ist gemeint? *Serviere mir bloß* ***kaltes Wasser****!* (attributive Verwendung) oder *Serviere mir das* ***Wasser*** *bloß* ***kalt****!* (prädikative Verwendung)

Der Unterschied ist hier nicht groß, aber der Sprecher setzt jeweils unterschiedliche Akzente; bei der zweiten Übersetzung liegt er darauf, dass das Wasser *beim Servieren* kalt *ankommen* soll; im Lateinischen entspricht dem die Stellung des Adjektivs **frīgidam** am Satzende.

- Wie du siehst, wählt man im Deutschen hier das nachgestellte (oder ggf. vorangestellte) Partizip ohne Endung. Das tut man auch im folgenden Fall; bei diesem ist es unübersehbar, dass das Adjektiv **maestus** zwar wie ein Attribut in der Endung mit seinem Basiswort **Menedēmus** übereinstimmt, bedeutungsmäßig aber genauso auf die Phase des Heimkehrens bezogen ist:

{**Menedēmus domum revertitur**} {**maestus**} **atque** {**animō incertō** }.	{*Menedemus kehrt nach Hause zurück*}, {***traurig***} *und* {*in ratloser Stimmung*}.

- In anderen Fällen benutzt das Deutsche zur Wiedergabe eines adjektivischen Prädikativums einen Anschluss mit *als*, dann wird das Adjektiv auch dekliniert:

Hannibal princeps in proelium ībat, ultimus excēdēbat.	*Hannibal ging* ***als Erster*** *in die Schlacht, kam* ***als Letzter*** *wieder heraus.*

- Ein Prädikativum in Form eines Substantivs wird ebenfalls mit einem *als* angeschlossen:

Gallī administris ad ea sacrificia druidibus ūtuntur.	*Die Gallier bedienen sich bei diesen Opferhandlungen der Druiden* ***als Helfer****.*

In manchen Fällen wird die konkrete Bedeutung des lateinischen Prädikativums durch die Bedeutung des Verbs im Kontext bestimmt, wie z. B. im folgenden Satz bei **dīversus (-a, -um)** *verschieden*:

Nostrī aequō animō diversi pūgnābant.	*(Cäsar:) Unsere Leute kämpften in aller Ruhe* ***nach allen Richtungen*** *hin.*

- Besonders in der Dichtung finden sich nicht selten Adjektive mit Kongruenz zum Subjekt in der reinen Bedeutung eines Adverbs; deutsch Adverb (hier: **nocturnus, -a, -um** *nächtlich*):

Lupus gregibus nocturnus obambulat.	*Der Wolf schnürt* ***nachts*** *(„als nächtlicher") um die Herden.*

Prädikativum Kongruenz Sinnbezug

Obsides beluarum modo caeci in foveam missi sunt.

Die Geiseln ließen sich wie wilde Tiere blind in eine Grube treiben.

nd-Formen: Gerundium und Gerundivum

Gerundium

Wie im Deutschen kann ein Infinitiv Präsens Aktiv substantiviert werden *(schreiben - das Schreiben)*, im Lateinischen jedoch nur als Subjekt oder Akkusativobjekt. Die restlichen Fälle (Genitiv, Akkusativ nach Präposition und Ablativ, sehr selten Dativ) werden durch das Gerundium abgedeckt. Umgekehrt gilt also: Es gibt keinen Nominativ des Gerundiums. Zu den Formen ▶ S. 56.

- Im **Genitiv** steht das Gerundium bei Substantiven als Attribut und bei Adjektiven mit Genitiv sowie nach den Postpositionen **causā** und **gratiā** *(wegen, um ... willen)*:

studium discendī	*der Eifer zu lernen, der Lerneifer*
cupidus dominandī	*begierig zu herrschen, herrschsüchtig*
discendī gratiā	*um des Lernens willen, um zu lernen*

- Im **Akkusativ** steht das Gerundium nur nach Präpositionen, meist **ad** zur Angabe des Zwecks. Häufig nach bestimmten Adjektiven wie **parātus** *(bereit)*, **aptus/idōneus** *(geeignet)* u. a.:

Mīlitēs ad pūgnandum **parātī sunt.**	*Die Soldaten sind zum Kämpfen/zum Kampf bereit.*

- Mit oder ohne Präposition wird das Gerundium im **Ablativ** verwendet:

Dōcendō **discimus.**	*Durch Lehren lernen wir.*
in scrībendō/dīcendō	*beim Schreiben/Sprechen, während des Schreibens/Sprechens*

Das Gerundium kann auch – hier zeigt sich der verbale Anteil – mit Objekten, Adverbien und Adverbialen verwendet werden:

studium linguam Latīnam **discendī**	*der Eifer, die lateinische Sprache zu lernen*
cupīditās id **discendī**	*das Verlangen, dies zu lernen*
ars beātē **vīvendī**	*die Kunst, glücklich zu leben*
consilium ex Rōmā **exeundī**	*der Entschluss, Rom zu verlassen*

Im Genitiv und im Ablativ ohne Präposition kann ohne Bedeutungsunterschied statt des Gerundiums auch das Gerundivum stehen (▶ S. 55).

Gerundivum

Das Gerundivum ist ein Verbaladjektiv mit passivischer Bedeutung, das die Notwendigkeit einer Handlung bezeichnet; hinsichtlich des Zeitfeldes bezieht es sich auf Gleichzeitiges oder Zukünftiges.

Aufgabe 1: Prädikat zusammen mit esse

Das Gerundivum bildet mit einer Form von **esse** (*sein*) das Prädikat, es wird in diesem Zusammenhang *prädikativ* verwendet. In dieser Verbindung gewinnt es den Charakter des

Ausdrucks einer *Notwendigkeit* bzw. verneint des *Nicht-Erlaubtseins*. Das Gerundiv bezieht sich dabei auf das Subjekt – es gelten die Regeln der Kongruenz:

Carthāgō dēlenda est!	*Karthago **ist zu** zerstören (≈ **muss** zerstört **werden**)!*
Librum legendum est.	*Das Buch muss gelesen werden.*

Diese Verwendung kann auch im AcI vorkommen:

Catō dīcit Carthāginem dēlendam esse.	*Cato sagt, dass Karthago **zu zerstören ist** (≈ zerstört **werden muss**).*

Das Gerundiv kann auch *unpersönlich* formuliert sein:

Dīvitiīs nōn abūtendum est.	*Reichtum **ist nicht zu** missbrauchen (≈ **soll/ darf nicht ... werden**).*
Nunc est bibendum!	*Jetzt **heißt es** trinken!*

Derjenige, der etwas tun muss/soll, erscheint beim Gerundivum mit **esse** im Dativ (Dativus auctoris); erinnern wir uns daran (▶ S. 116), dass **esse** + Dativ *haben* bedeutet:

Tria videnda sunt ōrātōrī: quid dīcat et quō quidque locō et quōmodō.	*Drei Dinge **hat ein Redner zu** beachten: Was er sagt, wo er etwas sagt und wie (≈ sind **für einen Redner** zu beachten).*

- Das Gerundivum hat manchmal nur noch den Wert eines Adjektivs mit der Bedeutung *etwas wert sein*; diese sind dann zumeist auch im Wörterbuch aufgeführt:

Fulvia amanda est.	*Fulvia ist liebenswert.*

Aufgabe 2: Mit einem Nomen geht es knapper

Um sich mitteilen zu können, ist man darauf angewiesen, dass man beispielsweise nicht nur *trinken* sagen kann, sondern auch *Trank* oder *das Trinken*. Ein weiteres – vorwiegend stilistisches – Bedürfnis ist es, sich auch in Form *komprimierter Sätze*, also z. B. nominal (d. h. mit Substantiven) und damit verknappt ausdrücken zu können. Schließlich möchte man vielleicht auch die Möglichkeit haben, aus ganzen Sätzen Substantive durch Wortzusammensetzung zu machen.

Diese Bedürfnisse erfüllt im Lateinischen in vieler Hinsicht das Gerundivum (auch das Gerundium). Zwar kennt das Lateinische auch die Möglichkeit, Wörter durch Zusammensetzung zu bilden (z. B. **lēgislātor** *Gesetzgeber* oder **quadrupes** *Vierfüßer*), doch es ist wesentlich eingeschränkter als das Deutsche, das hier „fast alles machen" kann (z. B. Dampflokomotivenwassernachfüllstation"). Die Methode des Lateinischen zur Wortzusammensetzung mittels Gerundivum, das mit einem Substantiv per Kongruenz verbunden ist, ist aber nur dann nutzbar, wenn ein Sinnelement eine Handlung bezeichnet.

• Komprimierung bei zielorientierten Verben

Das Gerundivum ergänzt nicht nur **esse**, sondern auch Verben, die ein Objekt haben, meist Verben des *(Über-)Gebens, Nehmens, Bittens, Besorgens* u. a. Das Gerundiv bezeichnet die Zielsetzung, den Zweck einer Handlung. Es richtet sich in Kasus, Numerus und Genus nach dem Objekt:

Nuper librōs Epicūrī philosophī tibī mīsī legendōs.	*Unlängst schickte ich dir **Bücher** des Philosophen Epikur **zum** Lesen/**zur Lektüre**.*

Der Lateiner könnte hier z. B. auch sagen **„ut eōs legās** – *damit du sie liest*". Mit dem Gerundivum aber kann er sich *komprimierter* ausdrücken. Daher deutsch am besten: *zu + Substantiv/Substantivierung*.

Ein Gerundivum ist also im Zusammenhang mit diesen Verben mit einer *finalen* (zielgerichteten) Sinnrichtung verbunden, die aus der Bedeutung des Prädikats resultiert. Im Einzelnen gehören dazu z. B.:

dare	*geben*	**trādere**	*übergeben*
(per)mittere	*überlassen*	**relinquere**	*zurücklassen*
sūmere	*nehmen*	**accipere**	*annehmen*
poscere	*fordern*	**cūrāre**	*(veran)lassen*

Caesar pontem faciendum cūrāvit.	*Cäsar ließ eine Brücke bauen.*

• Komprimierung durch Verbindung mit Substantiv

Will man ohne Umschweife ergebnisorientiert „zur Sache" kommen, zieht man komprimierte Sätze vor. Im Lateinischen lassen sich aus dem Gerundivum in Kombination mit einem Substantiv (Kongruenz!) derartige Verkürzungen bilden. Das Gerundiv wird hier attributiv verwendet. Bei der Übersetzung ins Deutsche „dominiert" das Gerundivum den zweiten

Bestandteil: Es kommt zu einer Gewichtsverschiebung. Das im Lateinischen Untergeordnete (Gerundiv) wird im Deutschen übergeordnet:

in libr**īs** legend**īs**	*beim Lesen von Büchern*

Beachte die Gewichtsverschiebung bei der Übersetzung: Die Elemente der Verbindung Substantiv (A) + Gerundiv (B) werden vertauscht:

Lateinisch:	**A** Substantiv	+	**B** Gerundivum
	in librīs	+	**legendīs**
Deutsch:	**B** Substantiv	+	**A** Substantiv (Genitiv-Attribut)
	beim Lesen	+	*der/von Büchern*
oder	**A+B**	zusammengesetztes Substantiv	
		beim Bücherlesen	

Im Deutschen kann also entweder ein Ausdruck aus zwei Substantiven mit einem ursprünglich verbalen Bestandteil (auf *-ung*) oder ein per Wortbildung zusammengesetztes Substantiv die Gerundivkonstruktion angemessen wiedergeben:

Vestae colendae virginēs praeerant.	*Den **Vestakult** (die „**Verehrung“ der Vesta**) versahen unverheiratete Frauen.*
In testibus audiendīs audiātur et altera pars.	*Bei der **Zeugenanhörung** (bei der **Anhörung von Zeugen**) soll auch die andere Seite gehört werden.*

Eine solche Verbindung von Substantiv + Gerundiv kann auch als Ergänzung zu einem Substantiv auftreten; hier bietet sich entweder eine Wiedergabe mit Infinitiv + Objekt oder das oben beschriebene Vorgehen an:

cōnsilium Aegyptī relinquendae	*die Überlegung, **Ägypten zu verlassen***
Cōnsilium iniērunt tyrannī interficiendī.	*Sie fassten den Entschluss zum **Tyrannenmord (den Tyrannen umzubringen)**.*
Rōmulus locum ēlēgit urbī condendae.	*Romulus wählte einen Platz **für die Stadtgründung**.*

Im Genitiv und im Ablativ ohne Präposition kann ohne Bedeutungsunterschied statt des Gerundivum auch das Gerundium (▶ S. 56) stehen:

GERUNDIV	GERUNDIUM
cōnsilium Rōmae relinquendae	**cōnsilium Rōmae relinquendī**
der Entschluss, Rom zu verlassen	
libris legendis dēlectārī	**libris legendō dēlectārī**
am Lesen von Büchern Vergnügen finden	

- Die Verbindung von Gerundivum und Substantiv kann auch von einer Präposition abhängig sein, z. B. **ad** (*zu*), **in** *(in, „bei")*, **dē** *(über, von)* oder **causā** (*wegen*):

ad amīcōs visitandōs	*zum Besuch der Freunde*
Menapiī lēgātōs ad Caesarem pācis petendae causā mittunt.	*Die Menapier schicken **zwecks Friedensersuchens** Unterhändler zu Cäsar.*

- Manche Deponentien mit aktivischer Bedeutung können ein (passivisches) Gerundivum haben:

Amīcī dē ūtendā pecūniā disputāvērunt.	*Die Freunde diskutierten über die **Geldverwendung/Verwendung des Geldes.***

Der Akkusativ mit Infinitiv (AcI)

Zu den abhängigen Sätzen gehören auch die *Inhaltssätze*, die angeben, was ein Verb inhaltlich meint; hier geht es um den Typ der dass-Sätze (*ich sage, dass...*).

- Weitere Typen: abhängige Fragesätze, S. 86, und Definitionssätze, S. 87.

Die Neigung der lateinischen Sprache zu knapper Ausdrucksweise kommt besonders im Akkusativ mit Infinitiv (*Accusativus cum infinitivo*: AcI) zum Ausdruck, ohne den fast „nichts geht". Hierbei handelt es sich um eine Ausdrucksweise, der im Deutschen der *dass-Satz* entspricht: So kann der AcI daher immer übersetzt werden.

Dabei wird aus dem lateinischen Akkusativ das deutsche Subjekt im Nominativ und aus dem Infinitiv das deutsche Prädikat. Die übrigen Elemente sind gemäß den Regeln des normalen Satzes zu übersetzen, d. h. das AcI-Subjekt und das AcI-Prädikat können wie normale Sätze erweitert werden.

Auch im Deutschen ist diese Struktur bekannt, doch weitestgehend auf Verben der sinnlichen Wahrnehmung beschränkt, z. B. *Ich spüre das Gras unter meinen Füßen wachsen ≈ dass es … wächst.*

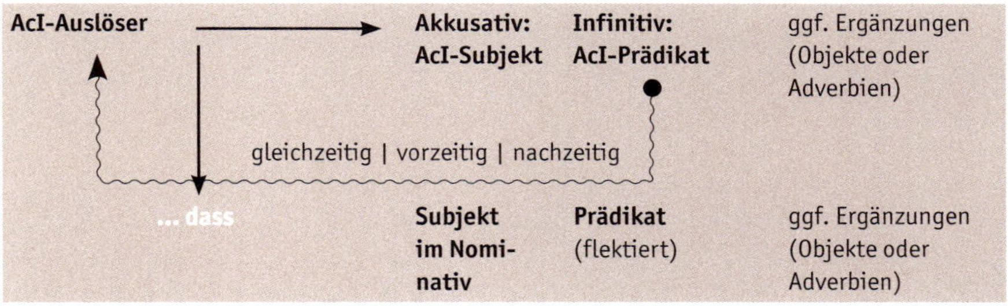

Der Infinitiv weist kein Tempus auf, sondern bezeichnet wie immer ausschließlich das *Zeitverhältnis*: Gleichzeitigkeit (Neutralperspektive), Vorzeitigkeit (Rückschau), Nachzeitigkeit (Vorausschau).

Wie erkennst du einen AcI? „Verdacht" muss aufkommen, wenn der Satz einen *AcI-Auslöser* enthält, d. h. ein Verb, das inhaltlich „aufgefüllt" werden muss. Bei Verben dieser Art ist es grundsätzlich angezeigt, nach einem AcI Ausschau zu halten – also z. B.:

AcI-AUSLÖSER		
sprechen, sagen	**dīcere** **respondēre**	*sagen* *antworten*
zulassen, verbieten	**iubēre** **vetāre**	*befehlen* *verbieten*
wissen, erfahren	**scīre** **cōgnōscere**	*wissen* *erkennen*
meinen	**crēdere** **cōnfīdere**	*glauben* *vertrauen*
wahrnehmen	**audīre** **sentīre**	*hören* *fühlen*
empfinden	**gaudēre** **mīrārī**	*sich freuen* *sich wundern*
wollen	**velle** **pollicērī**	*wollen* *versprechen*
unpersönliche Ausdrücke	**cōnstat** **apertum est** **opus est**	*es steht fest* *es ist offensichtlich* *es ist notwendig*

Grammatik

Acilius contendit Afrānium propter mē in aerumnās incidere posse.	*Acilius behauptet,* ***dass Afranius*** *meinetwegen in Unannehmlichkeiten geraten* ***kann****.*
Doleō Afrānium in tantās aerumnās propter mē incidisse.	*Ich bedaure,* ***dass Afranius*** *meinetwegen in solche Unannehmlichkeiten* ***geraten ist****.*
Prōmittō Afrānium propter mē in aerumnās nōn incāsūrum (esse).	*Ich verspreche,* ***dass Afranius*** *meinetwegen nicht in Unannehmlichkeiten* ***gerät/geraten wird****.*

- Praktisch nur bei Verben der sinnlichen Wahrnehmung trifft man einen *Akkusativ mit Partizip* an; diese Struktur ist annähernd bedeutungsgleich mit dem AcI, doch ist hier besser mit einem *wie* zu übersetzen:

Tībīcinam cantantem audiō!	*Ich höre,* ***wie*** *die Flötenspielerin* ***spielt****!*

Zur berichteten Rede: ▶ S. 175 (Anhang).

7 Verweisen und kennzeichnen – die Pronomina

Pronomen – Allgemeines

Wie Substantive und Adjektive bezeichnen die Pronomina Elemente der realen oder gedanklichen Außenwelt oder benennen deren Merkmale. Während solche Nomina diese Elemente direkt benennen, steckt in den „Pro"nomina nur ein *Bezug* auf das Gemeinte, das nur aus dem Zusammenhang heraus deutlich ist. Die grammatische Rolle der Pronomina ist je nachdem die von Stellvertretern oder von Begleitern eines Substantivs.

Eine bedeutsame Eigentümlichkeit des Lateinischen ist das Fehlen des bestimmten und unbestimmten Artikels. Ausgerechnet eine der im Deutschen und den modernen europäischen Sprachen häufigsten Wortarten fehlt im Lateinischen: der bestimmte und der unbestimmte Artikel *der, die, das* bzw. *einer, eine, ein*, die sich bei den meisten Substantiven als *Begleiter* einfinden.

Latein steht mit diesem Merkmal nicht allein da, und offenbar geht es auch ganz gut „ohne". Aber als Leser oder Hörer muss man sich stärker konzentrieren: Die *uns* vertrauten Signale für „bekannt oder im Text schon genannt" und „unbekannt oder im Text noch nicht genannt" fehlen.

Noch in manch anderen Bereichen ist das Lateinische übrigens mehr als knapp und zwingt so zum verschärften Mitdenken – was zwar mühsam sein kann, aber ja nicht unbedingt schadet.

Besondere Eigenschaften der Pronomina

- Die Formen der Pronomina folgen zumeist der o-/a-Deklination, zeigen allerdings oft Besonderheiten im Genitiv und Dativ Singular aller Genera sowie im Nominativ/Akkusativ Singular des Neutrums:

VIELE PRONOMINA				EINZELNE PRON.	
Gen. Sg.	**-īus**	Dat. Sg.	**-ī**	Nom./Akk. Sg. n.	**-d**

- Treten Pronomina zusammen mit einer Form von **esse** (*sein*) als Prädikat auf, nehmen sie Kasus und Genus des Subjekts bzw. direkten Objekts an, während im Deutschen das Neutrum gebraucht wird. Die Kongruenzregeln greifen also auch hier:

Illa est vēra amīcitia!	***Das*** *ist wahre Freundschaft!*

Hunc atrōcem terrōrem sumus expertī.	***Das** haben wir als grausamen Terror erfahren.*

Das geht sogar in Relativsätze hinein:

glōria (f.), **quī** (m.) **est frūctus** (m.) **vērae virtūtis**	*Ruhm, der das Ergebnis wahrer Tüchtigkeit ist*

- Selbstständige lateinische Pronomina stehen häufig im Neutrum Plural und werden dann im Deutschen mit Singular wiedergegeben:

Haec fāta est Sibylla: …	***Folgendes** sprach die Sibylle: …*
Ea omnia fuērunt, quae vātēs dīxerat.	***Das** war alles, was die Seherin sagte („gesagt hatte“).*

Wichtig für den Ablauf der Gedankengänge in einem Text ist – wie im Deutschen – die „summierende“ Funktion mancher Pronomina in Gestalt des Neutrums Singular oder Plural (z. B. **id**, **ea; høc, haec; quod, quae; tāle, tālia** u. a. m.). Diese unscheinbaren Wörter können den Inhalt oder den Gedanken eines ganzen Satzes, Absatzes oder noch mehr in sich tragen, haben dann also kein direktes Beziehungswort, sondern einen Bezugskontext, beispielsweise

Quod erat dēmōnstrandum.	***Was** zu beweisen war.*
Dum haec geruntur, …	*Während **das** geschieht, …*

Ich, du und der Rest: das Personalpronomen

Zwei Rollen sind beim Sprechen recht übersichtlich festgelegt – die des Sprechers und die des Angesprochenen. *Ich* und *du* tauschen dabei im Dialog die Plätze, bei *wir* und *ihr* sind *ich* und *du* mit einbezogen. Unübersichtlicher dagegen wird es beim ganzen „Rest“.

Die sog. Personalpronomina der 1. und 2. Person sind damit der Funktion nach keine „Pro“nomina, keine Stellvertreter, sondern *Verweiser*, sie *verweisen* auf die Rollen *ich/wir* und *du/ihr*.

Beim Verbum (▶ S. 36) verzichtet der Römer bei der 1. und 2. Person in der Regel auf das Personalpronomen, fast immer bei der 3. Person, jedenfalls im Nominativ; das Verbum selbst enthält ein eindeutiges Signal. Auch in anderen Kasus geht er sparsamer damit um als etwa das Deutsche. Es ist also immer darauf zu achten, in welchen Zusammenhängen das Deutsche ggf. „ausführlicher" ist. Verwendung findet das Personalpronomen der 1. und 2. Person zur Verdeutlichung, zur Hervorhebung, aber auch aus Gründen des Satzrhythmus.

Eine Höflichkeitsform wie „Sie" kennt das Lateinische nicht.

Ich, wir – du, ihr: die 1. und 2. Person

	1. SG.	1. PL.	2. SG.	2. PL.
Nom.	**egō**	**nōs**	**tū**	**vōs**
Gen.	**meī**	**nostrī** **nostrum**	**tuī**	**vestrī** **vestrum**
Dat.	**mihí**	**nōbīs**	**tibí**	**vōbīs**
Akk.	**mē**	**nōs**	**tē**	**vōs**
Abl.	**mē**	**nōbīs**	**tē**	**vōbīs**

Die Formen **nostrī** und **vestrī** (mit dem bekannten **-ī** des Genitiv Singular) finden sich, wenn etwa eine Ergänzung im Genitiv nötig ist, z. B. **odium vestrī** *Hass auf euch* (stattdessen genauso **odium in vōs**); die Form mit dem **-um** des Genitiv Plural wird gebraucht, wenn eine Teilmenge aus einer Gesamtmenge (Genitivus partitivus) bezeichnet wird, etwa **multī nostrum** *viele von uns* (auch **multī ē nōbīs**).

Die Präposition **cum** *mit* wird im Ablativ regelmäßig angehängt: **tēcum, nōbīscum** usw. (vgl. spanisch **contigo** *mit dir*):

Pāx vōbīscum!	*Friede sei mit euch!*

Das Personalpronomen, das ohnehin schon eine gewisse Hervorhebung ausdrückt, lässt sich mit verschiedenen angehängten Silben noch weiter akzentuieren, etwa:

egōmet	*ich für mein Teil*	**mihīmet**	*mir jedenfalls*
egōpte	*ich wenigstens*	**mihīmet ipsī**	*gerade mir*
tūte	*gerade du*	**sēmet, sēsē**	*sich selbst*

Die ganze Welt vor Augen: die 3. Person

Als Personalpronomen der 3. Person dienen im Lateinischen:
- als nicht-reflexives Personalpronomen: **is, ea, id** oder auch **ille, illa, illud** (▶ unten S. 151 f.)
- als reflexives (rückbezügliches) Personalpronomen: **sē** (*sich*) (ohne Nominativ):

	SG./PL.	
Gen.	**suī**	*seiner, ihrer*
Dat.	**sibí**	*sich*
Akk.	**sē**	*sich*
Abl.	**sē, sēcum**	*sich, mit sich*

Während im Deutschen die Reichweite des Reflexivpronomens auf das zum Prädikat gehörige Subjekt begrenzt ist:

Tum Narcissus sē in aquā spectāvit.	*Da **erblickte sich** Narcissus im Wasser.*

kann im Lateinischen das Subjekt des Hauptsatzes auch auf Nebensätze, AcI (▶S. 142) und Partizipialkonstruktionen (▶S. 132) ausstrahlen und dort in Form des Reflexivpronomens wiederkehren:

Iūlia optāvit, ut Lūcius sibī cōnfideret.	***Julia** wünschte sich, dass Lucius **ihr** vertraute.*
Cassius cōnstituit, ut lūdī {absente sē} fierent suō nōmine.	***Cassius** beschloss, dass, {wenn **er** abwesend sei}, in **seinem** Namen Spiele abgehalten werden sollten.*

Narcissus eum in aquā spectāvit heißt hingegen: *Narcissus sah **ihn** im Wasser* (also jemand anderen, der vorher erwähnt war).

Allerdings muss man beim Reflexivpronomen (**sē** usw.) im Nebensatz aufpassen, denn je nach Zusammenhang kann es auch auf ein Element des Nebensatzes verweisen. Ein Satz wie der soeben angeführte ist daher scheinbar (also außerhalb eines Kontextes) doppeldeutig:

Iūlia optāvit, ut Lūcius sibī cōnfideret.	***Julia** wünschte sich, dass Lucius **auf sich** vertraute.*

Mein oder Dein: die Possessivpronomina

	SINGULAR	PLURAL	REFLEXIV
1. P.	**meus, -a, -um** *mein*	**noster, -tra, -trum** *unser*	
2. P.	**tuus, -a, -um** *dein*	**vester, -tra, -trum** *euer*	
3. P.	(**ēius** *sein, ihr*)	(**eōrum, eārum** *ihr*)	**suus, -a, -um** *sein, ihr* (Sg./Pl.)

Die sog. Possessivpronomina zeigen nur in bestimmten Fällen „Besitz“ an. Allgemein gesagt, bezeichnen sie eine *Zugehörigkeit*. Auch im Gebrauch der Possessivwörter ist das Lateinische wieder in der Regel knapper als das Deutsche:

Iūlia amīcum vocat.	*Julia ruft* ***ihren*** *Freund.*

Ansonsten werden die Possessivpronomina der 1. und der 2. Person sprachgleich verwendet.

Für die 3. Person dagegen kennt das Lateinische wie im Fall des Personalpronomens nur ein eigenes *reflexives* Possessivpronomen: **suus, -a, -um**; dieses verweist auf die Zugehörigkeit zum Subjekt des Satzes, so dass im Deutschen je nachdem *sein* oder *ihr* zu formulieren ist.

Ēmptōrēs bolum suum [esse] āiunt, piscātōr suum.	*Die Käufer versichern, es sei* ***ihr*** *Fang, der Fischer, es sei der* ***Seine.***

Als nicht-reflexives Possessivpronomen der 3. Person verwendet das Lateinische in Ermangelung einer eigenen Form den jeweils passenden Genitiv von **is, ea, id**, also **ēius, eōrum/eārum**, oder auch die Genitive **illīus, illōrum/illārum**. Das Deutsche benutzt hier ebenfalls *sein* bzw. *ihr*, zur Verdeutlichung ist aber ggf. der Genitiv *dessen* bzw. *deren* zu benutzen:

(Die Rede ist von Verschwörern:) **Itaque cēnsuit (Caesar) pecūniās eōrum pūblicandās esse.**	*Daher beschloss er (Cäsar), dass* ***ihr/deren*** *Vermögen zu konfiszieren sei.*

Auch für das reflexive Possessivpronomen **suus, -a, -um** gilt, dass es aus einem Nebensatz in den Hauptsatz „hineingreifen“ kann:

Siculī ōrābant, ut Cicerō {patrōnus suus esset}.	*Die* Einwohner Siziliens *baten, dass Cicero* {ihr *Anwalt wäre* (*sein sollte*)} [im Prozess gegen gegen den räuberischen Statthalter Verres].

- **Meus, tuus, suus (-a, -um)** werden als Begleiter (also adjektivisch: **mea culpa** *meine Schuld*) oder selbstständig (substantivisch) gebraucht:

Suī eum interfēcērunt.	***Seine eigenen Leute („die Seinen")*** *brachten ihn um.*
Omnia mea mēcum portō.	***Meine ganze Habe*** *(„alles Meinige") trage ich bei mir.*
Nostrum est lēgibus obtemperāre.	***Es ist unsere Pflicht***, *den Gesetzen zu folgen.*

Weitere Adjektive, die Zugehörigkeit oder Besitz ausdrücken:

proprius, -a, -um	*eigen, von mir usw. selbst*
aliēnus, -a, -um	*einem andern gehörig, fremd*

Orientierung in Raum und Zeit: die Demonstrativpronomina

Das Fehlen eines Artikels wird im Lateinischen durch ein feines Instrumentarium an Demonstrativpronomina aufgewogen, deren Gebrauch sehr differenziert ist und stets zu Überlegungen zur jeweils angemessenen deutschen Ausdrucksweise herausfordert. Man übersetzt keinesfalls unbedingt „richtig", wenn man dem bekannten „Schema F" folgt und im Deutschen nur *dieser* oder *jener* gebraucht.

Orientierung in der Rede: der Textverweiser is, ea, id

Das so unscheinbare wie wichtige Pronomen **is, ea, id** besitzt eine Eigentümlichkeit, die nicht weiter auffällt, wenn man nicht Latein sprechen oder schreiben muss: Dieses Pronomen verweist ausschließlich auf etwas, das *im Text* genannt wird bzw. wurde. Es kann dabei auf Gesagtes zurück- und auf noch Kommendes vorausverweisen, dient also dem Sprecher *nicht* dazu, auf etwas „mit dem Finger" zu zeigen. Die angemessene Wiedergabe dieses Pronomens im Deutschen liegt daher je nach gedanklichem Kontext zwischen dem Personalpronomen *er, sie, es* sowie (betontem) *der, die, das* oder auch *dieser, diese, dieses*.

	SINGULAR			PLURAL		
	m.	f.	n.	m.	f.	n.
Nom.	**is**	**ea**	**id**	**eī/iī**	**eae**	**ea**
Gen.		**ēius**		**eōrum**	**eārum**	**eōrum**
Dat.		**eī**			**eīs/iīs**	
Akk.	**eum**	**eam**	**id**	**eōs**	**eās**	**ea**
Abl.	**eō**	**eā**	**eō**		**eīs/iīs**	

Der Genitiv **ēius** wird *èjjus gesprochen (kurzes* **ĕ**, langes j).

Adverbien:
eō *dorthin*; **eā** *dort, da*; **ibí** *dort*; **inde** *von dort*

Pronomina mit Zeigefinger

Das Deutsche kennt als Demonstrativpronomina mit „Zeigegestus" die Wörter *dieser (diese, dieses), der (die, das)* und *jener (jene, jenes)*, evtl. ergänzt um die Adverbien *hier* bzw. *da, dort*. Das Pronomen *jener* wird hauptsächlich schriftsprachlich gebraucht und hat seine Funktion im Kontrast zu *dieser* – in Gegenüberstellungen verweist *dieser* auf das Näherliegende oder zuletzt Genannte, *jener* auf das Fernerliegende, früher bzw. später Genannte.

Demgegenüber trifft das Lateinische recht penibel andere Unterscheidungen, und zwar verweist

- das Pronomen **hic, haec, hoc** auf das nähere *Umfeld des Sprechers*;
- das Pronomen **ille, illa, illud** auf alles, was der Sprecher als von sich entfernter gelegen ansieht, also auf *die gesamte entferntere Außenwelt*;
- das Pronomen **iste, ista, istud** auf alles, was der Sprecher dem *Umfeld des Angesprochenen*, also des Hörers/Lesers, zuordnet. In Gerichtsreden wird **iste** oft in verächtlichem Sinne vom Prozessgegner verwendet.

Grundsätzlich verweisen alle diese Pronomina dabei auf räumliche, zeitliche und gedankliche Sachverhalte. In gesprochener Rede kann man mit ihnen auf direkt vor den Augen Liegendes – Personen oder Dinge – „zeigen"; in Texten verweisen sie wie **is, ea, id** auf zurückliegende oder noch folgende „Textorte". Dabei hat **iste, ista, istud** die Eigenschaft, den Leser direkter in die Darlegung einzubeziehen.

Grammatik

hic, haec, hoc der, die, das hier; dieser, diese, dieses

	SINGULAR			PLURAL		
	m.	f.	n.	m.	f.	n.
Nom.	**hic**	**haec**	**hoc**	**hī**	**hae**	**haec**
Gen.		**hūius**		**hōrum**	**hārum**	**hōrum**
Dat.		**huic**			**hīs**	
Akk.	**hunc**	**hanc**	**hoc**	**hōs**	**hās**	**haec**
Abl.	**hōc**	**hāc**	**hōc**		**hīs**	

Das angehängte **-c(e)** bildet sozusagen einen verstärkenden Zeigefinger; nicht selten steht es auch bei anderen Kasus als hier aufgeführt, z. B. **hūiusce** oder -**hōsce**. Das Neutrum (Nom./Akk.) **hŏc** hat ein kurzes o und wird auch *hŏcc gesprochen. Der Genitiv* **hūius** wird *hŭjjus gesprochen.*

Adverbien:
hīc *hier;* **hūc** *hierher;* **hāc** *hier, auf dieser Seite;* **hāctenus** *bis soweit;* **hinc** *von hier*

ille, illa, illud: dieser, diese, dieses (dort); der, die, das (dort); jener, jene, jenes

	SINGULAR			PLURAL		
	m.	f.	n.	m.	f.	n.
Nom.	**ille**	**illa**	**illud**	**illī**	**illae**	**illa**
Gen.		**illīus**		**illōrum**	**illārum**	**illōrum**
Dat.		**illī**			**illīs**	
Akk.	**illum**	**illam**	**illud**	**illōs**	**illās**	**illa**
Abl.	**illō**	**illā**	**illō**		**illīs**	

Das Pronomen **ille, illa, illud** steht nicht selten in der Funktion eines bestimmten Artikels *der, die, das* bzw. Personalpronomens *er, sie, es*. Es wurde so zum Vorläufer des bestimmten Artikels und des Personalpronomens in den romanischen Sprachen (z. B. frz. *le, la*, ital. *il, la*).

Adverbien:
illō, illīc *dort;* **illā, illāc, illūc** *dorthin;* **illinc** *von dort*

! Da **ille** in diesem Sinne auf etwas anerkanntermaßen Bekanntes verweisen kann, finden sich Wendungen mit Genitiv wie **illud Cicerōnis** *jener bekannte Ausspruch Ciceros.*

iste, ista, istud der, die, das da (bei dir)

	SINGULAR			PLURAL		
	m.	f.	n.	m.	f.	n.
Nom.	**iste**	**ista**	**istud**	**istī**	**istae**	**ista**
Gen.		**istīus**		**istōrum**	**istārum**	**istōrum**
Dat.		**istī**			**istīs**	
Akk.	**istum**	**istam**	**istud**	**istōs**	**istās**	**ista**
Abl.	**istō**	**istā**	**istō**		**istīs**	

Adverbien: istīc *dort*; **istūc** *dorthin*; **istinc** *von dort*; **istāc** *dort, dorthin*

Dieses Pronomen besitzt mit seiner Hinwendung zum Angesprochenen bzw. in Texten mit seiner Wendung an den Leser bisweilen herabsetzenden, verächtlichen Sinn, vor allem in Gerichtsreden, wenn es darum geht, den Prozessgegner schlechtzumachen: z. B. **iste homō** *dieser Kerl da*.

! Besonders bei den vorstehenden Demonstrativpronomina kommt es darauf an, bei der Übersetzung das gebräuchliche deutsche Äquivalent zu wählen, das man selbst benutzen würde.

Identifizieren und hervorheben

Derselbe und er selbst

Das Pronomen **idem, eadem, ĭdem** dient dem Vergleich, bei dem die verglichenen Elemente miteinander identisch oder gleich sind. Die Formen folgen denen von **is, ea, id**, von dem das Wort abgeleitet ist.

īdem, eadem, idem: derselbe, dieselbe, dasselbe

	SINGULAR			PLURAL		
	m.	f.	n.	m.	f.	n.
Nom.	**īdem**	**eădem**	**ĭdem**	**īdem**	**eaedem**	**eădem**
Gen.		**ēiusdem**		**eōrundem**	**eārundem**	**eōrundem**
Dat.		**eīdem**			**eīsdem**	
Akk.	**eundem**	**eandem**	**ĭdem**	**eōsdem**	**eāsdem**	**eădem**
Abl.	**eōdem**	**eādem**	**eōdem**		**eīsdem**	

Das Neutrum **ĭdem** hat ein kurzes i. Neben **eīsdem** kommen auch die Formen **īsdem** und **iīsdem** vor, **ēiusdem** spricht sich *ejjusdem*.

Adverbien:
eōdem *ebendorthin, ebendort*; **eādem** *ebenda, auf demselben Weg*; **ibidem** *an derselben Stelle*; **identidem** *immer wieder*

Das Element, mit dem verglichen wird, wird meist durch **atque** *sowie, und* oder ein Relativpronomen im selben Kasus angeschlossen, aber auch durch **cum** oder Dativ:

idem atque tū	*derselbe **wie** du*
Eōsdem librōs lēgī quōs Epicūrus.	*Ich habe **dieselben** Bücher gelesen **wie** Epikur.*

Nicht selten findet man das Neutrum mit einem Genitiv verbunden:

{ idem cōnsiliī } tibī dedī.	*{Denselben Ratschlag} gab ich dir.*

In prädikativen (▶ S. 137) Fällen wie den folgenden übersetzt man z. B. mit *zugleich*:

Sermō hominum mōrēs {et cēlat et indicat} īdem.	*Die Sprache verbirgt und offenbart **zugleich** die Sitten der Menschen.*

ipse, ipsa, ipsum „selbst"

Das Pronomen **ipse, ipsa, ipsum** hebt den Begriff, bei dem es steht, besonders hervor.

	SINGULAR			PLURAL		
	m.	f.	n.	m.	f.	n.
Nom.	**ipse**	**ipsa**	**ipsum**	**ipsī**	**ipsae**	**ipsa**
Gen.		**ipsīus**		**ipsōrum**	**ipsārum**	**ipsōrum**
Dat.		**ipsī**			**ipsīs**	
Akk.	**ipsum**	**ipsam**	**ipsum**	**ipsōs**	**ipsās**	**ipsa**
Abl.	**ipsō**	**ipsā**	**ipsō**		**ipsīs**	

Im Deutschen stehen dafür verschiedene Ausdrücke:

Caesar ipse	*Cäsar selbst, persönlich*
ad mare ipsum	*direkt am Meer*
prūdentia ipsa	*Klugheit an sich*
eōdem ipsō diē	*gerade an demselben Tag*
Ipsa vīdit.	*Sie selbst sah es.*

Qualität und Quantität

tālis, -e und tantus, -a, -um

Die pronominalen Adjektive **tālis, -e** (*so beschaffen, solch, derartig*) und **tantus, -a, -um** (*so groß, so bedeutend, so viel*) verweisen als Begleiter auf Elemente, deren Qualiät bzw. Quantität sie hervorheben:

tālis urbs *eine solche Stadt*; **tantum temporis** (Gen.) *so viel Zeit*. **tantus, -a, -um** kann aus dem Kontext heraus die Bedeutung *„nur" so groß* usw. erhalten.

- Beide können als *Vorverweiser* im Konsekutiv- oder Definitionssatz auftreten, ▶ S. 85. Eine wichtige Rolle spielen sie auch als *Korrelativa* (▶ S. 169).

Adverbien:
tam *so, so sehr*; **tantum** *so sehr, so viel, in dem Grade; nur*; **tantopere** *so sehr*; **tantisper** *so lange*

„Wer denn?" – „Derjenige, welcher...!" – Interrogativ- und Relativpronomen

Wer? Was? – das Fragepronomen

Das selbstständige Fragepronomen (Interrogativpronomen) weist wie im Deutschen keinen Plural auf und unterscheidet nur zwischen Fragen nach Personen (**quis?** *wer?) und Sachen/ Vorgängen (einschließlich Tieren:* **quid?** *was?).*

Nom.	**quisquid**	
Gen.	**cuius**	
Dat.	**cui**	
Akk.	**quem**	**quid**
Abl.	**quō**	

cuius wird *kŭjjus* gesprochen. Bei der Verbindung des Ablativs **quō** mit der Präposition **cum** sagt man meist **quōcum**.

Quid vīs?	*Was willst du?*
Quem illīc vidētis?	*Wen seht ihr dort?*
Quōcum collocūtus (-a) es?	*Mit wem hast du (m./f.) dich unterhalten?*

Pronominaladverbien

quā?	*wie?*	**quōmodo?**	*wie?*	**quī?**	*wie?*	**quid?**	*warum?*
ubī?	*wo?*	**unde?**	*woher?*	**quō?**	*wohin?*	**quandō?**	*wann?*

Beachte das (relativ seltene) Adverb **quī**: **Quī fit?** *Wie kommt das?*

Das Interrogativpronomen als Begleiter (Adjektiv) gibt es im Singular und Plural und hat dieselben Formen wie das nachfolgend besprochene Relativpronomen; mit ihm wird eine Auskunft zu einem/einer speziellen Objekt/Person erfragt:

Quārum rērum indigētis? **Quibus rēbus opus est vōbīs?**	} ***Welche Dinge*** *braucht ihr?*

Variante: quisnam? quidnam? *wer denn? was denn?* **quīnam, quaenam, quodnam?** *was denn für ein…?*

Relativpronomen und Relativsätze

quī, quae, quod: *der, die, das; welcher, welche, welches*

	Singular			Plural		
Nom.	**quī**	**quae**	**quod**	**quī**	**quae**	**quae**
Gen.	**cuius**			**quōrum**	**quārum**	**quōrum**
Dat.	**cui**			**quibus**		
Akk.	**quem**	**quam**	**quod**	**quōs**	**quās**	**quae**
Abl.	**quō**	**quā**	**quō**	**quibus**		

Für **quibus** kann auch die Form **quīs** begegnen, der Ablativ verbunden mit **cum** (*mit*) lautet meist **quōcum, quācum, quibuscum**.

Das Relativpronomen dient dazu, einen Satz mit einem anderen zu verknüpfen, mit dem er ein Element gemeinsam hat. Auf diese Weise kann man sich also knapper oder weniger umständlich ausdrücken, bei Wunsch aber auch jemand/etwas ausführlicher beschreiben, wie es nur mit einem erläuternden Satz möglich ist:

Vulpēs ūvam altā in vineā appetēbat, quam tangere nōn potuit.	*Ein Fuchs versuchte an einem hohen Rebstock an eine **Traube** heranzukommen, **die** er aber nicht fassen konnte.*
Nunc nummōs aureōs in manū tenet Myrmēx, quī nec aereōs nōverat.	*Jetzt hält **Myrmex** Goldstücke in der Hand, **der** sonst nicht einmal Kupfermünzen kannte.*

Anders als im Deutschen kann das Relativpronomen im Relativsatz bisweilen als Begleiter (adjektivisch) auftreten; am elegantesten macht man aus dem begleiteten Substantiv eine Beifügung (Apposition) zum eigentlichen Beziehungswort:

Frūmentum, quae sōla alimenta ex inspērātō fortūna dederat, ab ōre raptum est.	*Das Getreide, **die einzige Nahrungsquelle, die** das Schicksal unverhofft gegeben hatte, wurde ihnen vom Munde weggerissen.*

Besonderes Augenmerk ist in den Fällen nötig, bei denen „typisch lateinische“ Strukturen wie der AcI (▶ S. 142) oder der Ablativ (▶ S. 128) innerhalb eines Relativsatzes auftreten; in solchen Fällen muss man die lateinische Ausdrucksweise „entwirren“.

Cicerō, quem inter māximōs ōrātōrēs Rōmanōs esse cōnstat, dē rē pūblicā etiam valdē est meritus.	*Cicero, **von dem feststeht, dass er** zu den größten römischen Rednern gehört, hat sich auch sehr um die römische Republik verdient gemacht.*
... trānquillitātem animī dīcō, quā nūlla est māior beātitūdō.	*... die Ruhe des Gemüts meine ich, **im Vergleich zu der** es kein **größeres** Glück gibt.*

- im Vergleich mit Komparativ: **quō māior ..., eō (hōc) melior ...** ***je*** *größer ...,* ***desto*** *besser ...*

Zur Verwendung des Konjunktivs in Relativsätzen ▶ S. 82 f.

Grammatik

Der relativische Anschluss

Rēs loquitur ipsa, iūdicēs; quae semper valet plūrimum.	***Die Sache*** *spricht für sich, meine Herren Richter,* ***und das*** *wiegt immer am schwersten.*

Im Lateinischen wird zur engeren Verknüpfung mit dem vorausgehenden Gedanken am Satzanfang statt des Demonstrativpronomens oft ein *Relativpronomen* gewählt; man übersetzt dann mit einem Demonstrativum, manchmal auch mit passender Konjunktion (im Beispiel: *und*).
Quī usw. kann stehen für:
et is *und dieser*, **nam** is *denn dieser*, is **autem** *dieser aber* usw.

Relativsatz als Satzteil

So wie man mit einem Relativsatz ein komplexeres Attribut formulieren kann (*Sie trug eine gelbe Jacke. – Sie trug eine Jacke, deren Gelb ihn an die Sonnenblumen van Goghs erinnerte.*), lässt er sich auch dazu verwenden, Sätze zu bilden, die ein komplexeres Subjekt oder Objekt vertreten. Dabei darf man sich nicht durch die Form des Relativpronomens irritieren lassen; im Deutschen gibt es das genauso, doch treten meist Stützwörter hinzu:

Bis dat, quī dat celeriter:	*Zweimal gibt,* ***wer*** *schnell gibt.*
Der quī-Satz ist Subjekt des Hauptsatzes.	
Quem dī dīligunt, adulēscēns mōritur.	***Wen*** *die Götter lieben,* ***der*** *stirbt jung („der, den …")*
Der quem-Satz ist Subjekt des Hauptsatzes.	
Valērius dat, quī prōsequantur:	*Valerius gibt (Leute mit),* ***die*** *(den Abgesandten) begleiten sollten.*
Der quī-Satz ist Objekt des Hauptsatzes.	

Mit Subjekt- bzw. Objektsätzen dieser Art sind ganz spezielle Personen oder Dinge gemeint, auch wenn sie individuell unbekannt sein können. Nimmt man jedoch Bezug auf nicht direkt bezeichenbare Personen oder Dinge, über die etwas Bestimmtes gesagt werden kann, verwendet man das *verallgemeinernde Relativpronomen*.

Verallgemeinernde Relativpronomina

quīcumque, quaecumque, quodcumque

Bedeutung: *wer auch immer, jeder, der;* (n.) *alles, was*

Dekliniert wird der erste Bestandteil, der exakt wie das Relativpronomen lautet; an diesen wird das unveränderliche **-cumque** angehängt: **cuiuscumque, cuicumque, quemcumque** usw.

Quīcumque turpī fraude semel innōtuit, etiamsī vērum dīcit, āmittit fidem.	***Wer auch immer (jeder, der)*** *einmal durch schändlichen Betrug bekannt geworden ist, verliert das Vertrauen, auch wenn er die Wahrheit sagt.*

Die Erweiterung **-cumque** findet sich etwa auch bei **quāliscumque** *wie beschaffen auch immer* und **quantuscumque** *wie viel auch immer* oder **quotcumque** *wie viele auch immer*.

Adverbien:
quōcumque *wohin auch immer*, **quācumque** *wie auch immer*, **ubīcumque** *wo auch immer.*

quisquis, quidquid (quicquid)

Das Pronomen hat eine ähnliche Aufgabe wie **quīcumque**. Es begegnet fast ausschließlich im Nominativ oder Akkusativ (im Ablativ als Adjektiv: **quōquō modō** *auf jede Weise*). Bedeutung: *jeder, der; alles, was* (aus einer bestimmten Gruppe, der/das für sich aber nicht benannt wird):

Quidquid dēlīrant rēgēs – plēctuntur Achīvī.	***Egal was*** *die Könige sich Unsinniges ausdenken – bestraft werden die Achäer* [die Griechen vor Troja; gemeint: die Völker überhaupt].

Adverb:
quōquō *wohin auch immer*

Irgendwer, alle, jeder, keiner, viele – unbestimmte Pronomina

Die Sprache braucht Mittel, mit der sie die Elemente der oft unbekannten oder unüberschaubaren, im Einzelnen nicht fassbaren außersprachlichen Welt in geeigneter Weise ansprechen kann. Dazu dient ein differenziertes Spektrum an Verweiswörtern, die selbstständig (substantivisch) oder als Begleiter (adjektivisch) verwendet werden: die *unbestimmten* oder *Indefinitpronomina*. In ihrer Bedeutung sind sie im Grunde nicht von den Zahlwörtern abgrenzbar, da sie zum Teil unbestimmte Mengen bezeichnen.

Grammatik

Irgendeiner, irgendetwas

quis, quid und quī, qua, quod

Deklination zur Erinnerung: **cuius, cui, quem, (quam), quō (quā)** (▶ S. 155 f.). Bedeutung: *irgendwer, irgend(einer), irgendetwas.*

quis, quid ist das selbstständige Wort; **quī, qua, quod** (auch Neutrum Plural meist **qua**) stehen als Begleiter.

Das gleiche Wort haben wir im Deutschen, wo es unbetont am Satzende steht: *Da kommt wer. Ich höre was.* Es steht nur nach **sī** *(wenn)*, **nisī** *(wenn nicht)*, **nē** *(damit nicht)*, **num** *(ob):*

Sī quis hoc dīcit,...	*Wenn **wer/einer** das sagt,...*
Nē qua calamitās accidat,...	*Damit nicht **ein** Unglück passiert,...*
Vēnerit quis...	*Es könnte **einer/jemand** kommen...*

Adverbien:
quō *irgendwohin*, **quandō** *irgendwann*

aliquis, aliquid und aliquī, aliqua, aliquod

Das unbestimmte Pronomen **quis, quid** usw. nimmt an den meisten Stellen eines Satzes die Vorsilbe **ali-** (eigtl. *ein anderer*, s.u. **alius, -a, -ud**) an. **aliquis, aliquid** sind die selbstständigen (substantivischen) Formen, **aliquī, aliqua, aliquod** die adjektivischen.

Deklination: **aliquis, alicuius, alicui, aliquem, aliquō** usw. wie **quis, quid** bzw. **quī, quae, quod.** Bedeutung: *irgendeiner, -eine, -etwas* (unbekannt, auf den/das Gemeinte/n individuell kommt es nicht an)

Trāniō! Age, canem istum ā foribus aliquis abdūcat fac!	*Tranio! Los, sieh zu, dass **jemand** diesen Köter da von der Tür wegschafft!*
aliquī Rōmānī	***manche** Römer*
Est aliquid nūpsisse Iovī.	*Es ist **schon was**, Jupiter zu heiraten.*
trēs aliquī aut quattuor Graecī	***ungefähr** drei oder vier Griechen*

Adverbien:
aliquō *irgendwohin*, **alicubī** *irgendwo*, **alicunde** *irgendwoher*, **aliquandō** *irgendwann*

quisquam, (quaequam,) quidquam (quicquam)

Deklination: **cuiusquam, cuiquam, quemquam, quōquam** usw. Dieses Pronomen tritt nur selbstständig auf und steht in verneinten Zusammenhängen.

Bedeutung: *(irgend)jemand, (irgend)einer, (irgend)etwas*

Iūstitia nōn modo numquam nocet cuiquam, sed contrā allicit.	*Gerechtigkeit schadet nicht nur niemals* ***jemandem****, sondern sie ist im Gegenteil anziehend.*

Die gleiche Bedeutung in der Funktion als Begleiter (Adjektiv) hat das Pronominaladjektiv **ūllus, -a, -um** (▶ S. 167 **ūllus, -a, -um**), das ebenfalls nur in Sätzen verneinten Sinnes verwendet wird:

Negō id ūllō modō fierī posse.	*Ich streite ab, dass dies auf* ***irgendeine*** *Weise möglich ist.*

Adverbien: umquam/unquam *je(mals)*, **usquam** *(irgend)wo*

quispiam, quidpiam; quīpiam, quaepiam, quodpiam
Selteneres Wort, Bedeutung wie **aliquis** usw.: *irgendjemand, irgendetwas; irgendeiner*

quīdam, quaedam, quoddam
Wie zu erwarten, folgt auch dieses recht wichtige Pronomen in der Deklination dem Muster qui, quae, quod, also:

cuiu vor **d** zu **n**, auch im Genitiv Plural **quōrundam, quārundam**).

Bedeutung: *einer, ein bestimmter, ein gewisser* (bekannt, im Zusammenhang aber nicht genauer benannt, z. B. weil die genaue Identität keine Rolle spielt). Dieses Pronomen kommt noch am nächsten an die Bedeutung des deutschen unbestimmten Artikels heran, z. B.

Erant in quādam cīvitāte rēx et rēgīna, quī...	*Es waren* ***in einem*** *Land ein König und eine Königin, die...*

Es weist darauf hin, dass ein Element neu in den Text eingeführt wird, von dem dann noch die Rede sein wird; der *König* und die *Königin* gehören hier mit dazu, das Lateinische drückt sich meist so knapp wie möglich aus. Insbesondere im Plural ohne Beziehungswort verweist **quīdam** auf eine unbestimmte Menge von Elementen, die aber dem Sinn nach genau definiert sind:

Quīdam obviīs nārrant et in quāslibet aurēs exonerant, quae tantum amīcīs committenda sunt.	***Bestimmte Leute/Manche** erzählen jedem auf der Straße* **(obviīs)** *und schütten in irgendwelche beliebige Ohren, was nur Freunden anzuvertrauen ist.*

In bestimmten Fällen, wenn **quīdam** ein anderes Adjektiv ergänzt, liegt eine Übersetzung z. B. mit dem Adverb *gewissermaßen, sozusagen* nahe:

insatiābilis quaedam cupīditās	*eine **sozusagen** unersättliche Begierde*

Adverb:
quondam *einstmals, einmal*

quīlibet, quaelibet, quodlibet
Dieses Pronomen drückt explizit Beliebigkeit (**libet** *es beliebt*) aus; der Sprecher betont, dass er sich in keinerlei Hinsicht irgendwie festlegen will: *jeder beliebige, der erste Beste*.
Das gleiche gilt für:

quīvīs, quaevīs, quodvīs
wörtlich: *wer (was) du willst* (**„vīs"**) d. h. *jeder ohne Unterschied*

Auch noch pointiert: **quīvīscumque** *wer immer du willst* usw.

nesciō quis, quae, quod
Dieser Ausdruck heißt wörtlich *ich weiß nicht wer (was)* und steht ebenfalls in der Bedeutung von *irgendwer/irgendwas*:

Ībam nescio quid meditāns nūgārum.	*Ich ging so daher und dachte über **irgendwelchen** Krams nach.*

Jeder, alle, ganz

quisque, quaeque, quodque/quidque

Deklination: **cuiusque, cuique** usw.
Bedeutung: *jeder für sich, jeder Einzelne* (aus einer Gruppe)

Der Gebrauch dieses Pronomens ist eingeschränkt: Es lehnt sich an ein Reflexiv-, Relativ-, Fragepronomen, einen Superlativ oder eine Ordnungszahl an:

Suae quisque fortūnae fāber est.	***Jeder*** *ist* ***seines*** *Glückes Schmied.*
Germānī viātōres quaerunt, quid quisque eōrum dē quāque rē audīverit.	*Die Germanen befragen Reisende danach,* ***was jeder*** *von ihnen über jede einzelne Sache gehört hat.*
Optimus quisque māximē posteritātī servit.	***Gerade die Besten*** *dienen der Nachwelt am meisten (dt. Plural!).*
sextō quōque diē	***alle fünf*** *(!) Tage* [lat. „jeden sechsten"]

Bei zwei Personen/Dingen steht **uterque, útrăque, utrumque** (▶ S. 165) *jeder von beiden*.

Adverbien:
ubīque *überall*, **úndique** *von/auf allen Seiten, in jeder Hinsicht*; **utrimque** *auf beiden Seiten*, **utrōque** *nach beiden Seiten*

ūnusquisque, ūnaquaeque, ūnumquodque/ūnumquidque
ist eine Zusammensetzung von **ūnus, -a, -um** *einer* und **quisque, quidque** und hebt sprachlich den Aspekt des Einzelnen hervor: *jeder, jedes einzelne*.

omnis, omne
Dieses Adjektiv bezeichnet *jeden, alles* als Teil einer – ggf. kollektiven – Gesamtheit (normale Formen der 3.Deklination), es hat auch die Bedeutung *ganz, gesamt*.

Mediocritās ad omnem ūsum cultumque vītae trānsferenda est.	*Mäßigung ist auf die* ***gesamte*** *praktische und geistige Lebensführung zu übertragen.*
omnēs hominēs	***alle*** *Menschen (die ganze Spezies)*
omnis homō	***jeder*** *Mensch (als einzelner Angehöriger dieser Spezies)*
Gallia omnis ...	*Gallien* ***als Ganzes*** *betrachtet ...*

In gleicher Bedeutung sind folgende Adjektive:
- **cūnctus, -a, -um** *gesamt, ganz* im Singular bei Kollektivbegriffen, z. B. **cūnctus populus** *das ganze Volk*; Plural: **cūnctī, -ae, -a** *alle (zusammen)*, z. B. **cūnctī Iūliae amīcī** *alle Freunde von Julia (zusammengenommen)*

– **ūniversus, -a, -um** *gesamt, komplett,* (Pl.) *alle (ohne Ausnahme)*; **sīgnum ūniversae pūgnae** *Zeichen zum allgemeinen Kampf,* **rēs ūniversa** *die Sache insgesamt*

Unbestimmte Mengenangaben

Der Bezeichnung unbestimmter Mengen dienen auch:

multī, -ae, -a	*viele*
complūrēs, -a	*einige, ziemlich viele*
paucī, -ae, -a	*wenige*
cēterī, -ae, -a	*die Übrigen*

Diese Wörter finden sich ebenfalls selbstständig und als Begleiter.

Adverbien: multum *viel,* **magis** *mehr,* **cēterum** *übrigens,* **satis** (mit Genitiv) *genug* (**satis temporis** *genug Zeit*).

Pronominaladjektive

Unter dem Begriff Pronominaladjektive fasst man folgende Wörter zusammen:

ūnus, -a, -um	*einer*	**alter, -era, -erum**	*der eine/andere von beiden*
ūllus, -a, -um	*irgendeiner*		
nūllus, -a, -um	*keiner*	**alius, -a, -ud**	*ein anderer*
uter,-tra, -trum	*wer von beiden?*	**sōlus, -a, -um**	*allein*
neuter, -tra, -trum	*keiner von beiden*	**tōtus, -a, -um**	*ganz*

Merkspruch für die Formen:
Diese Wörter haben alle
-**īus** in dem zweiten Falle,
und im Dativ enden sie
alle auf ein langes -**ī**.

A und B im Doppelpack

Als Besonderheit verfügt das Lateinische über eine Gruppe von Pronominaladjektiven zur Bezeichnung einer *Zweizahl* („Dual"). Sie werden als Begleiter (adjektivisch) oder selbstständig (substantivisch) gebraucht und legen den Aspekt auf den jeweils Einzelnen von zweien. In der Kasusbildung folgen sie alle der o-/a-Deklination, doch typisch auch für sie sind die pronominalen Formen Gen. **-īus** und Dat. **-ī**.

uter, utra, utrum?	wer (von beiden)?
uterque, útrăque, utrumque	jeder, beide (von zweien)
neuter, -tra, -trum	keiner (von zweien)
alter, -era, -erum	der eine; der andere (von zweien)
alter... alter...	der eine... der andere... (von zweien)
Alter alterum laudat.	Der eine lobt den andern. Beide loben sich gegenseitig.

Adverbien:
utrōque *nach beiden Seiten*; **utrimque** *auf/von beiden Seiten*; **neutrō** *nach keiner von beiden Seiten*

Das Prädikat steht bei diesen Pronomina im Singular:

Uterque cōnsul Rōmae adest.	***Beide** Konsuln **sind** in Rom zugegen.*

Pluralformen kommen etwa bei Pluralwörtern wie **castra, -ōrum** oder in selbstständiger Verwendung vor:

portae utrōrumque (utrumque) castrōrum	*die Tore beider Lager*
utrīque cōnsentiunt	***beide Parteien**, Gruppen stimmen zu*
Alterī dīmicant, alterī victōrem timent.	***Die einen** kämpfen, **die anderen** fürchten den Sieg.*

Da *der andere von zweien* (**alter**) stets auch *der zweite* ist, ist das Wort in entsprechenden Fällen so wiederzugeben:

alter idem	*ein **zweites** Ich (Selbst)*
annō centēsimō alterō	*im Jahre **102***

Ein weiteres Wort für *beide* ist **ambō, ambae, ambō** (Deklination wie **duo**, ▶ S. 30). Das Wort **ambō** nimmt *beide „zusammen" in den Blick.*

Einzig und allein

Ein Element aus anderen als einzig herausheben oder als einzigartig benennen lässt sich mit den Pronomina **ūnus, -a, -um** *einer* oder **sōlus, -a, -um** *allein*. Dabei betont **ūnus** die Ein-Zahl, **sōlus** die Isoliertheit.

- **ūnus, -a, -um** *ein, einer; ein einziger; einzigartig*

Gen. Sg. **ūnīus**	Dat. Sg. **ūnī**

Pluralformen von **ūnus, -a, -um** existieren bei Pluralwörtern, z. B. **litterae, -ārum** *Brief*: **ūnae litterae** *ein Brief*. Redewendung:

ūnō tempore	*zur selben Zeit*

Adverb:
ūnā *zusammen, zugleich*, z. B. **ūna venīre** *gemeinsam kommen*; oft auch mit **cum: ūnā nōbīscum** *zusammen mit uns*

- **sōlus, -a, -um** *allein, einzig, nur*; je nach Kontext auch *einsam, menschenleer*

Gen. Sg. **sōlīus**	Dat. Sg. **sōlī**

Beachte: **sōlus, -a, -um** *allein* tritt im Deutschen nur undekliniert nach seinem Beziehungswort oder vor dem Artikel auf, z. B. **sōlī amīcae** *der Freundin allein* oder *allein der Freundin*.

Adverbien:
sōlum *allein, bloß, nur*: **nōn sōlum X, sed etiam Z** (*nicht nur X, sondern auch Z*)

Ähnlich: **ūnicus, -a, -um**, z. B. **ūnicum remedium** *einziges, alleiniges Hilfsmittel*

Ungeteilt und insgesamt

Das Pronomen **tōtus, -a, -um** bezeichnet etwa wie **omnis, -e** die Gesamtheit, betont aber die Ganzheit, die Ungeteiltheit:

Tōtum mē philosophiae trādō.	*Ich widme **mich voll und ganz** der Philosophie.*
tōtius Asiae (Genitiv als Ortsangabe)	*in ganz (Klein-)Asien*

tōtus, -a, -um weist ebenfalls die besonderen Formen auf:

Gen. Sg. **tōtius**	Dat. Sg. **tōtī**

Nichts und niemand

In der Gedankenwelt lässt sich etwas als nicht vorhanden oder nicht gegeben betrachten oder ein Merkmal negieren. Die Sprache stellt hierzu viele Möglichkeiten zur Verfügung; im Bereich der Pronomina sind es im Lateinischen **nēmō, nihil** (beide selbstständig gebraucht), **nūllus, -a, -um, neuter, -tra, -trum** (beide adjektivisch und selbstständig).

- **nēmō** *keiner, niemand* (aus **ne-homō**, auch in der Bildung das gleiche Wort wie *niemand* ≈ „kein Mensch") wird vorwiegend selbstständig (substantivisch) gebraucht; für einzelne Kasus treten die Formen des Pronomens **nūllus, -a, -um** *keiner, niemand* ein, das adjektivisch und selbstständig verwendet wird:

Nom.	Gen.	Dat.	Akk.	Abl.
nēmō	**nūllīus**	**nēminī**	**nēminem**	**nūllō**

nēmō adjektivisch: **nēmō Thēbānus** *kein Thebaner*

- **nūllus, -a, -um** *kein*, selbstständig *keiner, niemand* hat die üblichen pronominalen Formen:

Gen. Sg. **nūllīus**	Dat. Sg. **nūllī**

Verneint wird anders als im Deutschen nur das zugehörige Substantiv, nicht der ganze Satz; wenn der Satz verneint ist, findet sich **nōn** *nicht*.

- **nihil** oder **nīl** *nichts* (Nom. und Akk.) wird nicht dekliniert. Es gibt aber auch das Substantiv **nihilum** *nichts, das Nichts*, zu dem etwa der Ablativ **nihilō** und der Genitiv **nihilī** gehören (z. B. **prō nihilō putāre** oder **nihilī aestimāre** *gering schätzen*). Für andere Kasus tritt **nūlla rēs** *„keine Sache"* ein, also

Gen.	**nūllīus reī**	Dat.	**nūllī reī**	Abl.	**nūllā rē**

- **neuter** *keiner (von zweien)*: ▶ S. 165

Der andere und das andere

Im Lateinischen erfolgt auch die Benennung des Anderen differenziert danach, ob es sich um eine zahlenmäßig nicht erfasste Gruppe, um zwei Gruppen, den unbestimmt gelassenen Rest einer Gruppe oder um etwas Fremdes handelt. Da es überdies eine Frage der Sichtweise ist, wer denn *der/das Eine* und *der/das Andere* ist, erspart man es sich andererseits, den/das jeweils Gemeinte/n sprachlich auseinanderzuhalten.

- **alius, alia, aliud** bezeichnet *den/die/das andere/n* gegenüber einer bestimmten genannten Gruppe:

Est proprium stultitiae aliōrum vitia cernere, oblīvīscī suōrum.	*Es ist ein Charakteristikum von Dummheit, die Fehler* ***der anderen*** *wahrzunehmen,* ***die eigenen*** *zu vergessen.*

Jedoch in Gegenüberstellung:

Aliīs cōnsilium, aliīs animus dēfuit.	***Den einen*** *fehlte der Plan,* ***den anderen*** *der Mut.*

Die anderen als *der Rest* aus einer bestimmten Gruppe heißen **cēterī, -ae, -a**:

Ubī tribūnī plēbis sunt, ubī cēterī magistrātūs?	*Wo sind die Volkstribunen, wo* ***die anderen*** *Beamten?*

Für die Formen von **alius, alia, aliud** sowie **alter, altera, alterum** gilt das Gleiche wie für die übrigen Adjektive dieser Art:

Gen. Sg.	Dat. Sg.	Nom./Akk. n.
alterius	**aliī**	**aliud**

Das Neutrum **aliud** trägt das z. B. von **id** bekannte **-d als Endung.** Wohl aus Gründen der Deutlichkeit lautet aber bei **alius, alia, aliud** der Genitiv **alterīus** (Ersatzform von alter, -a, -um), der Dativ **aliī** (manchmal **alterī**).

- **alter, altera, alterum** ist *der andere (von zweien)*: ▶ S. 165

Eine wichtige Rolle spielen die beiden Pronomina zum Ausdruck der sog. Reziprozität, d. h. der wechselseitigen Übernahme einer bestimmten Handlungsrolle:

Alius aliī subsidium ferunt.	*Sie bringen **einander** Hilfe.*
Aliī nūntiī super aliōs urgent.	*Die Nachrichten überstürzen **sich gegenseitig**.*
Alter alterī inimīcus est.	*Sie **beide** sind **gegenseitige** Feinde.*

Adverbien:
aliter *anders*, **secus** *anders*; **aliō** *anderswohin*, **alibī** *anderswo*, **alicunde** *anderswoher*, **aliās** *ein andermal, sonst*

Beachte: **aliēnus, -a, -um:** *fremd, fremdartig, anderen gehörig*
peregrīnus, aliēnus, barbarus (-a, -um): *Ausländer, Fremder*

Wie du mir, so ich dir – Korrelativa

Eine „Korrelation" ist hier eine wechselseitige Beziehung der Quantität oder Qualität zweier Elemente oder zweier Gruppen untereinander:

Quot hominēs, tot sententiae.	*Wie viele Köpfe (Menschen), so viele Meinungen.*

Wie man schon an diesem Beispiel sehen kann, „korrelieren" die entsprechenden Wörter auch lautlich miteinander, und zwar sind das im Deutschen **s-** und **w-** und im Lateinischen **t-** und **qu-**, die untereinander die Verbindung herstellen:

Adjektive		Adverbien	
tālis ... quālis ...	*so, derartig, solch ein ... wie ...*	**tam ... quam ...**	*so ... wie ...*
tantus ... quantus ...	*so groß ... wie ...*	**tantum ... quantum ...**	*so sehr, so viel ... wie ...*
tantum ... quantum ...	*so viel ... wie ...*	**totiēns ... quotiēns ...**	*so oft ... wie ...*

tot ... quot ...	*so viele ... wie ...*	**quotiēnscumque ... quotiēns ...**	*wie oft auch ... so oft ...*
totidem ... quot ...	*ebenso viele ... wie ...*		

Die **qu-**Wörter finden sich auch in Fragen und als Basis für Indefinitpronomina im Bereich von Quantität und Qualität:

FRAGE- UND RELATIVPRONOMEN	INDEFINITPRONOMEN
quālis, -e? *welcher Art? was für ein?*	**quālis-, quālecumque** *von welcher Art auch immer*
quantus, -a, -um? *wie groß?*	**aliquantus, -a, -um** *ziemlich groß*
quantum? *wie viel?*	**aliquantum** *ziemlich (viel)*
quot? *wie viel(e)?*	**aliquot** *ziemlich viele* **quotquot** *wie viele nur immer* **quotcumque** *wie viel(e) auch immer*
quotus, -a, -um? *der wievielte?*	**quotannīs** *jedes Jahr*
	cottīdiē (quotīdiē) *täglich*

Deklination:
tālis, -e, quālis, -e wie Adjektive der 3.Deklination; **tantus, -a, -um, quantus, -a, -um** wie die der a-/o-Deklination. **tot** und **quot** usw. werden *nicht dekliniert.*

Den selbstständig gebrauchten Neutra **tantum** usw. folgt eine Angabe im Genitiv *(Gen. partitivus)*, z. B. **quantum pecūniae?** (*wie viel Geld? wie viel Geldes?*). **tot** usw. stehen als Begleiter, z. B. **aliquot flōrēs** (*einige Blumen*).

Im Vergleich findet sich entsprechend **quō ..., eō ...** auch **quantō māior ..., tantō melior ...** ***je*** *größer ...,* ***desto*** *besser ...*

Anhang

Grundzahlen und Ordnungszahlen

ZIFFERN		GRUNDZAHLEN	ORDNUNGSZAHLEN
I	*1*	**ūnus, -a, -um**	**prīmus, -a, -um**
II	*2*	**duo, duae, duo**	**secundus, -a, -um** **alter, altera, alterum**
III	*3*	**trēs, tria**	**tertius, -a, -um**
IV (IIII)	*4*	**quattuor**	**quārtus, -a, -um**
V	*5*	**quīnque**	**quīntus, -a, -um**
VI	*6*	**sex**	**sextus, -a, -um**
VII	*7*	**septem**	**septimus, -a, -um**
VIII	*8*	**octō**	**octāvus, -a, -um**
IX (VIIII)	*9*	**novem**	**nōnus, -a, -um**
X	*10*	**decem**	**decimus, -a, -um**
XI	*11*	**ūndecim**	**ūndecimus, -a, -um**
XII	*12*	**duodecim**	**duodecimus, -a, -um**
XIII	*13*	**trēdecim**	**tertius decimus (-a, -um)**
XIV	*14*	**quattuordecim**	**quārtus decimus (-a, -um)**
XV	*15*	**quīndecim**	**quīntus decimus (-a, -um)**
XVI	*16*	**sēdecim**	**sextus decimus (-a, -um)**
XVII	*17*	**septendecim**	**septi decimus (-a, -um)**
XVIII	*18*	**duodēvīgintī** **decem et octō**	**duodēvīcēsimus, -a, -um** **octāvus decimus (-a, -um)**
XIX	*19*	**ūndēvīgintī** **decem et novem**	**ūndēvīcēsimus, -a, -um** **nōnus decimus (-a, -um)**
XX	*20*	**vīgintī**	**vīcēsimus, -a, -um**
XXI	*21*	**vīgintī ūnus** **ūnus et vīgintī**	**vīcēsimus prīmus (-a, -um)** **ūnus et vīcesimus (-a, -um)**
XXII	*22*	**vīgintī duo** **duo et vīgintī**	**vīcēsimus alter (-a, -um)** **alter et vīcēsimus (-a, -um)**
XXVIII	*28*	**duodētrīgintā** **trīgintā et octō**	**duodētrīcēsimus, -a, -um** **vīcēsimus octāvus (-a, -um)**

ZIFFERN		GRUNDZAHLEN	ORDNUNGSZAHLEN
XXIX	*29*	ūndētrīgintā vīgintī et novem	undētricēsimus, -a, -um vicēsimus nōnus (-a, -um)
XXX	*30*	trīgintā	trīcēsimus, -a, -um
XL (XXXX)	*40*	quadrāgintā	quadrāgēsimus, -a, -um
L	*50*	quinquāgintā	quīnquāgēsimus, -a, -um
LX	*60*	sexagintā	sexāgēsimus, -a, -um
LXX	*70*	septuāgintā	septuagēsimus, -a, -um
LXXX	*80*	octōgintā	octogēsimus, -a, -um
XC (LXXXX)	*90*	nōnāgintā	nōnāgēsimus, -a, -um
IIC	*98*	duodēcentum nōnāgintā octō	duodēcentēsimus, -a, -um nōnāgēsimus octāvus (-a, -um)
IC	*99*	ūndēcentum nōnāgintā novem	undēcentēsimus, -a, -um nōnāgēsimus nōnus (-a, -um)
C	*100*	centum	centēsimus, -a, -um
CI	*101*	centum ūnus, -a, -um	centēsimus primus (-a, -um)
CC	*200*	ducentī, -ae, -a	ducentēsimus, -a, -um
CCC	*300*	trecentī, -ae, -a	trēcentēsimus, -a, -um
CD (CCCC)	*400*	quadringentī, - ae, -a	quadringentēsimus, -a, -um
D	*500*	quīngentī, -ae, -a	quīngentēsimus, -a, -um
DC	*600*	sescentī, -ae, -a	sescentēsimus, -a, -um
DCC	*700*	septingentī, -ae, -a	septingentēsimus, -a, -um
DCCC	*800*	octingentī, -ae, -a	octingentēsimus, -a, -um
CM(DCCCC)	*900*	nōngentī, -ae, -a	nōngentēsimus, -a, -um
M	*1.000*	mīlle	mīllēsimus, -a, -um
MM (II)	*2.000*	duo mīlia	bis mīllēsimus, -a, -um
IV	*4.000*	quattuor mīlia	quater mīllēsimus, -a, -um
X̄	*10.000*	decem mīlia	deciēs mīllēsimus, -a, -um
D	*100.000*	centum mīlia	centiēs mīllēsimus, -a, -um
|X̄|	*1.000.000*	deciēs centēna mīlia	deciēs centiēs mīllēsimus, -a, -um

Verteilungszahlen und Zahladverbien

	VERTEILUNGSZAHLEN	ZAHLADVERBIEN
1	**singulī, -ae, -a** *je ein*	**semel** *einmal*
2	**bīnī, -ae, -a** *je zwei*	**bis** *zweimal*
3	**ternī, -ae, -a** **(trīnī, -ae, -a)** *je drei, usw.*	**ter** *dreimal, usw.*
4	**quaternī, -ae, -a**	**quater**
5	**quīnī, -ae, -a**	**quinquiēs**
6	**sēnī, -ae, -a**	**sexiēs**
7	**septēnī, -ae, -a**	**septiēs**
8	**octōnī, -ae, -a**	**octiēs**
9	**novēnī, -ae, -a**	**noviēs**
10	**dēnī, -ae, -a**	**deciēs**
11	**ūndēnī, -ae, -a**	**ūndeciēs**
12	**duodēnī, -ae, -a**	**duodeciēs**
13	**ternī dēnī (-ae, -a)**	**ter deciēs**
18	**duodēvīcēnī, -ae, -a**	**duodēvīciēs**
20	**vīcēnī, -ae, -a**	**vīciēs**
21	**singulī et vīcēnī (-ae, -a)**	**semel et vīciēs** **vīciēs semel**
30	**trīcēnī**	**trīciēs**
40	**quadrāgēnī, -ae, -a**	**quadrāgiēs**
90	**nōnāgēnī, -ae, -a**	**nōnāgiēs**
100	**centēnī, -ae, -a**	**centiēs**
200	**ducēnī, -ae,-a**	**ducentiēs**
400	**quadringēnī, -ae, -a**	**quadringentiēs**
500	**quīngēnī, -ae, -a**	**quīngentiēs**
1000	**singula mīlia**	**mīliēs**
3000	**trīna mīlia**	**ter mīliēs**

Unbestimmtes Zahladverb z. B. **complūriēs** *mehrmals*, **iterum** *wiederholt*. Alle diese Adverbien begegnen auch in der Form **-iēns** statt **-iēs**.

Die wichtigsten Konjunktionen und Subjunktionen

VERBINDENDE KONJUNKTIONEN	
et, -que	*und*
atque	*sowie, und*
etiam, (et)	*auch*
quoque	*auch*
neque, nec	*und nicht, auch nicht*
neque enim	*denn nicht*
neque vērō	*aber nicht*
nē X quidem	*nicht einmal X*
... nēve (neu)	*... und nicht*
aut	*oder* (schließt eine Möglichkeit aus)
vel, -ve	*oder* (Wahl gegeben)
sed, vērum	*aber,* (nach Negation) *sondern*
autem	*aber, doch, jedoch*
at	*jedoch*
tamen	*dennoch, trotzdem*
nihilōminus	*nichtsdestoweniger*
nam, namque enim, etenim	*denn, nämlich*
itaque, igitur	*also*
ergō	*also, folglich*
proinde	*insofern*

SUBJUNKTIONEN	
cum	*multifunktional* ▶ S. 88 f.
ut	*multifunktional* ▶ S. 82, 87 ff.
nē	*dass, damit nicht*
quō (ut eō)	*damit umso*
quod	*dass; weil*
quōminus	*dass, dass nicht*
quīn	*dass; dass nicht*
dum	*während; bis;* ▶ S. 90
dōnec, quoad, quamdiū	*solange; solange bis*
postquam	*nachdem*
antequam, priusquam *	*bevor*
cum, ut, ubī (prīmum), simul(atque, ac)	*sobald (als)*
quia, quoniam	*weil, da*
quamquam	*obwohl, obgleich*
quamvīs	*wie sehr auch*
sī, nisī usw.	*wenn (nicht)* ▶ S. 84
etsī, etiamsī, tametsī, licet	*selbst wenn, auch wenn*
sī	*ob*
sīve..., sīve...	*ob..., oder ob...*
tamquam, quasī, velut sī, ac sī	*wie wenn, als ob*

*auch: **ante... quam, prius... quam**

KORRESPONDIERENDE KONJUNKTIONEN			
et X et Y	*sowohl X als auch Y*	**sīve X sīve Y seu X seu Y**	*sei es X, sei es Y; entweder X oder Y*
X-que Y-que	*sowohl X als auch Y*	**cum X, tum Y**	*wenn X, dann erst recht Y*
neque X neque Y	*weder X noch Y*	**modo X, modo Y**	*bald X, bald Y*
et X neque Y	*einerseits X, andererseits Y nicht*	**nōn modo X, sed etiam Y**	*nicht nur X, sondern auch Y*
aut X aut Y	*entweder X oder Y*	**nōn sōlum X, vērum etiam Y**	*nicht nur X, sondern auch Y*
vel X vel Y	*sei es X, sei es Y; entweder X oder Y*		

- Konjunktionen/Subjunktionen erhalten ihre exakte „Bedeutung" für *uns* erst aus dem grammatischen und situativen *Kontext*. Dies gilt insbesondere für *multifunktionale* Wörter wie **cum** (eigtl. *„wann, wenn"*) und **ut** (eigtl. *„wie"*).
- Logische Verhältnisse zwischen Sätzen müssen nicht unbedingt durch Konjunktionen ausgedrückt werden, man kann Sätze auch *unverbunden* nebeneinander stellen. Dafür gibt es den Begriff „Asýndeton". Ein Asyndeton *kann* logische Verhältnisse sogar zugespitzter zum Ausdruck bringen.

Die berichtete Rede (Oratio obliqua)

Der Redebeitrag einer Person kann in einem Text „wörtlich" als „direkte Rede" ausgeformt sein, er kann jedoch auch von einem Berichterstatter referiert werden. Typisch für eine solche „berichtete oder indirekte Rede" ist eine mehr oder weniger starke Raffung des Inhalts, das Übergehen unwichtig und die Hervorhebung wichtig erscheinender Passagen. Eine berichtete Rede ist also nie die direkte Umformung einer normalen Rede, sondern sie wird mehr oder weniger stark verändert.

Die Sprachform der indirekten Rede im Lateinischen unterscheidet sich von der im Standarddeutschen und im literarischen Deutsch. Für die Sprachform der berichteten Rede im Lateinischen gilt, dass
- die zugrunde liegenden selbstständigen Sätze im AcI formuliert werden,
- die zugrunde liegenden abhängigen Sätze sowie Aufforderungen und Fragen in den Konjunktiv treten,

– (wie im Deutschen) eine „Verschiebung“ der Pronomina erfolgt (**egō/nōs** → **sē; tū/vōs** → **ille/is, ea, id**; ursprüngliches **sē** sowie **is, ea, id** bleiben jedoch gleich).

Im Lateinischen kann dabei auch eine sehr lange berichtete Rede von einem einzigen den Bericht anzeigenden Prädikat (z. B. **dīcere** *sagen*) gestützt werden. Die beschriebene grammatische Form wird konsequent durchgehalten.

Im Deutschen hängt die Sprachform stark von der Sprachebene und der Textsorte ab. Grundsätzlich kann sie dort im Indikativ oder Konjunktiv gehalten sein. In beiden Fällen wird normalerweise nach bestimmten Abständen durch Variation einer den Redebericht tragenden Formulierung (z. B. *fuhr der Senator fort, nach Aussage des Referenten*) an die Redesituation erinnert. Wichtig ist, dass in der Ausformulierung keine Monotonie eintritt.

! Zu beachten ist insbesondere die Frage, worauf sich **sē/sibī/suus (-a, -um)** beziehen. Grundsätzlich kann es auch aus dem AcI hinaus in den übergeordneten (den AcI auslösenden) Satz hineingreifen (▶ S. 148).

Als Beispiel diene ein ganz kurzer Auszug aus dem Bericht eines Novizen des Isis-Kultes über Hinweise des Priesters für die Initiation (aus: Apuleius, *Der goldene Esel* XI, 21; gekürzt):

[Cēnsēbat sacerdōs:] Nec **tamen** esse quemquam **dē suō numerō tam perditae mentis,** quī **– nōn sibī quoque seorsum** iubente **dominā – sacrilegum** audeat **ministerium subīre; nam et inferum** claustra **in deae manū** posita esse**. Ergō igitur** mē **quoque** oportēre **caeleste sustinēre praeceptum. Nec secus quam cultōrēs cēterī cibīs profānīs iam nunc** temperārem**,** ut **ad arcāna pūrissimae religiōnis** pervāderem**.**

[Der Priester meinte:] ***Es sei*** *doch* ***niemand*** *aus meiner Gruppe von so hirnrissigem Verstand,* ***dass er*** *– ohne dass die Herrin (Göttin) es ihm eigens* ***befehle*** *– es* ***wage****, den gottlosen Dienst zu verrichten; denn* ***die Schlösser*** *zur Unterwelt* ***lägen*** *in der Hand der Göttin. Also* ***müsse*** *auch* ***ich*** *die himmlische Weisung akzeptieren. Und nicht anders als die übrigen Anhänger* ***solle ich*** *mich schon jetzt nicht geweihter Lebensmittel* ***enthalten, damit*** *ich zu den Geheimnissen der allerreinsten Religion* ***vordringen könne****.*

Glossar: grammatische Begriffe

▶ Weitere Begriffe können über Inhaltsverzeichnis und Register erschlossen werden.

Ablativ lateinischer (fünfter) ▶ Kasus; seine Aufgabe im Satz erfüllen im Deutschen andere Kasus.

Adjektiv Eigenschaftswort: *dick, laut, grell*; auch Zahlwörter gehören dazu.

Adverb Umstandswort: *morgen, leider, hier, nie*

Adverbiale Bestimmung „Umstandsbestimmung", Angabe zum Handlungsablauf, z. B. auf die Frage *Wann? Wo? Warum? Womit?*

Agens derjenige, von dem eine Handlung ausgeht, die auf jemand/etwas gerichtet ist; diesen/dieses nennt man ▶ Patiens

Akkusativ Kasus, 4. Fall, auf die Frage *Wen? Was?*: *Ich höre Straßenlärm*.

Aktiv Diathese: Darstellungsform einer Tätigkeit durch das Verb; die Handlung wird vom Täter aus gesehen: *Ich schreibe ein Gedicht*. Dagegen Passiv: *Das Gedicht wird rezitiert*.

Attribut Beifügung zu einem Substantiv, um ein Merkmal von diesem anzugeben; Frage *Was für ein?*: *die grüne Tomate; die Jacke meiner Lehrerin*; auch Relativsätze sind Attribute.

Äußerung in sich sinnvolle Aussage zwischen zwei Pausen.

Autorintention Bei der Abfassung eines Textes hat jeder Autor (wie jeder Sprecher) eine Mitteilungsabsicht; alle Textelemente sind auf diese Absicht eingestellt, z. B. Wortwahl und grammatische Ausdrucksweise.

Dativ Kasus, 3. Fall, auf die Frage *Wem? Für wen?*: *Ich vertraue dir*.

Deklination Formabwandlung eines Substantivs, Adjektivs oder Pronomens in Kasus und Numerus: *die Maus, den Mäusen, ihrer, deren* usw.

Demonstrativpronomen Zeige- oder Verweiswort: *Dieses Buch lese ich, das dort interessiert mich nicht*.

Diathese „Zustandsform" des Verbs: Aktiv oder Passiv, auch Reflexivität: *schlagen* oder *geschlagen werden*; *sich rasieren*, *einander mögen*

Element in der Grammatik zusammenfassende Bezeichnung für „Personen, Lebewesen, Dinge, Sachen, Sachverhalte" usw.

Femininum grammatikalisches ▶ Genus, weiblich: *die Wüste, die Kapsel*.

Flexion die „Beugung" von Wörtern; ▶ Deklination und Konjugation.

Futur Tempus des Verbs, mit dem der Sprecher den Blick

nach vorn lenkt, bezeichnet meist eine Erwartung, oft eine Vermutung; zeitlich dafür oft Präsens.

Genitiv Kasus, 2. Fall, auf die Frage *Wessen?*: *die Lieder der Indianer; ich beschuldige dich des Diebstahls.*

Genus grammatikalisches Geschlecht: Maskulinum, Femininum oder Neutrum: *der Fluss, die Stadt, das Märchen*. Ggf. auch Ausdruck des biologischen Geschlechts (Sexus), z. B. *die Katze*.

Genus verbi Aktiv- oder Passivform (▶ Diathese).

Gliedsatz abhängiger Satz („Nebensatz"), der mit einem anderen Satz meist durch eine Konjunktion verbunden ist: *Wir lachten, weil Emil dumm guckte*.

Imperativ Befehlsform des Verbs: *Sprich!*

Imperfekt Vergangenheitstempus des Verbs im Lateinischen, dort immer zusammen mit dem ▶ Perfekt auftretend.

Indefinitpronomen unbestimmtes Fürwort: *irgendeiner, irgendetwas*

Indikativ neutraler ▶ Modus des Verbs; der Sprecher stellt seine Äußerung als *tatsächlich* hin.

Infinitiv Grundform (Nennform): *hören,* auch Substantivform des Verbs: *das Hören*.

Interrogativpronomen Fragefürwort: *Wer?*

Kasus „Fall", abgewandelte Form eines Nomens: Nominativ, Genitiv, Dativ, Akkusativ, im Lat. außerdem ▶ Ablativ.

Konjugation Abwandlung der Form eines Verbs, z. B. nach Person, Numerus und Tempus: *ich singe, du singst, wir haben gesungen.*

Konjunktion Bindewort, das Sätze reihend, zeitlich, logisch miteinander verknüpft, z. B.: *und, aber, obgleich, deswegen*; im Nebensatz Subjunktion genannt (weil sie *unterordnet*).

Konjunktiv Form des Verbs zum Ausdruck einer Redeabsicht (z. B. „unentschiedene Möglichkeit") oder als grammatische Vorschrift in Nebensätzen (Subjunktiv); ▶ Modus.

Konnektor Verbindungswort zweier Sätze oder Satzglieder, z. B. Adverbien: *trotzdem, insofern*; Pronomina: *dieser, diejenige*; ▶ Konjunktion.

Konnotation die Sachbedeutung eines Wortes zusätzlich begleitende (z. B. positive oder negative, gefühlsmäßige oder stilistische) Vorstellungen beim Sprecher/Hörer.

Kontext Zusammenhang, in dem eine Äußerung steht: a) innerhalb eines Textes, b) im Verhältnis zwischen dem Text und der „Außenwelt" des Textes.

Maskulinum grammatikalisches ▶ Genus, männlich: *der Fisch, der Topf*

Modus Aussageweise des Verbs: *Sie singt morgen* (Indikativ); *sie sänge heute* (Konjunktiv); *Singe!* (Imperativ).

Neutrum grammatikalisches ▶ Genus, sächlich: *das Klavier, das Weib*

Nomen a) deklinierbare Wortart: Substantiv (*der Text*), Adjektiv (*fortschrittlich*), Pronomen (*sie*), Zahlwort (*vier*), Eigenname (*Nora*); b) sehr oft ≈ Substantiv.

Nominativ Kasus, 1. Fall, auf die Frage *Wer? Was?*: *Das Flugzeug hebt ab.* Der Nominativ Singular dient auch als Grundform (Nennform) des Nomens.

Numerus obligatorische Form beim Nomen: Singular (Einzahl) oder Plural (Mehrzahl): *Buch, Bücher.*

Objekt Ergänzung insbes. eines Verbs durch ein Substantiv in einem anderen Kasus als dem Nominativ, sie bestimmt die Bedeutung des Verbs mit; z. B. Akkusativ: *Ich spiele Karten*; Genitiv: *Der Kranke bedarf der Pflege*; mit Präposition + Kasus (Präpositionalobjekt): *Fritz wartet auf Anke.*

Partizip vom Verb abgeleitetes ▶ Nomen, das als Adjektiv oder Substantiv dienen kann (*lachend, Geliebte*).

Passiv ▶ Diathese, die das Betroffene in den Vordergrund rückt: *Das Schiff wurde versenkt* (dt. Vorgangspassiv), oder: *Das Schiff ist versenkt* (dt. Zustandspassiv); ▶ Aktiv.

Patiens ▶ Agens.

Perfekt Vergangenheitstempus im Deutschen und im Lateinischen, doch mit unterschiedlicher Bedeutung und Verwendung; ▶ Imperfekt.

Personalpronomen bezeichnet in der Kommunikation den Sprecher *ich/wir* (1. Person) oder den Angesprochenen *du/ihr* (2. Person); für das Besprochene dient *er/sie/es*, Pl. *sie* (3. Person: *Vera lacht, sie ist froh*.)

Perspektive z. B. die Richtung, aus der eine Handlung dargestellt wird; a) vom Handlungsträger (*Agens*) aus (z. B. Aktivsatz), b) vom Betroffenen (*Patiens*) aus (z. B. Passivsatz).

Plural Mehrzahl, ▶ Numerus.

Possessivpronomen zeigt die Zugehörigkeit an: *dein Buch, meine Tante*

Prädikat das Verb, das den Satzkern bildet; je nach Bedeutung lenkt es zusammen mit dem ▶ Subjekt im Handlungszusammenhang die Erwartung auf weitere „Mitspieler" oder weist nur auf das Subjekt zurück.

Präteritum Vergangenheitstempus des Verbs im Deutschen: *du sangst.*

Pronomen Wort, das auf ein Nomen oder auf einen Sprecher/Angesprochenen verweist; grammatisch Stellvertreter oder Begleiter eines Nomens: *sie, unser, wer, sich, diese* usw.

Reflexivität ▶ Diathese.

Relativpronomen verbindet einen Satz mit einem anderen und bezieht sich dabei stellvertretend auf ein Wort im übergeordneten Satz: *Das Fahrrad, das mir geklaut wurde, ist blau.*

Satzgefüge Zusammenfügung von selbstständigem und abhängigem Satz: *Ihr lacht, obwohl es keinen Grund gibt.*

semantisch die Bedeutung eines Wortes oder einer Äußerung betreffend.

semantisches Feld Wörter aus einem Sinnfeld, z. B. *Blaulicht, Hektik, Raubüberfall, alarmieren*, in dem das Thema des Textes zum Ausdruck kommt.

Singular Einzahl, ▶ Numerus.

Sinnrichtung im engeren Sinn nur das logische Verhältnis zwischen zwei Sachverhalten: *kausal, konzessiv, final, adversativ* u. a.; im weiteren Sinn auch *temporales* und *modales* Verhältnis.

Subjekt die Person/Sache, die ein Sprecher zum grammatischen Ausgangspunkt eines Satzes wählt; Frage: *Wer? Was? Der Sänger singt einen Blues. Das Kind zahnt.*

Subjunktiv Bezeichnung für den Konjunktiv in Gliedsätzen ohne Sinnrichtung.

Substantiv auch Nomen (Hauptwort): *Mensch, Sonne, Freiheit.*

Tempus Form des Verbs: z. B. Präsens, Präteritum, Perfekt, Futur; der Sprecher weist den Hörer damit vom Standpunkt des Textes oder seiner Äußerung aus in die Vergangenheit, die Gegenwart oder Zeitlosigkeit, oder in die Zukunft.

Verb Tätigkeitswort, Zeitwort: *schlafen, trinken, lieben, hageln.*

Vokativ Anredeform eines Nomens in der lateinischen o-Deklination; sonst dienen zur Anrede die Formen des ▶ Nominativ.

Register

▶ Die Hauptbegriffe sind im Inhaltsverzeichnis zu finden.

A

Grammatik

F

G

H

I

K

V

W

Z